V&R

Inge Seiffge-Krenke, Heiko Dietrich,
Petra Adler-Corman, Helene Timmermann,
Maike Heinz-Rathgeber, Sibylle Winter,
Christine Röpke

Die Konfliktachse der OPD-KJ-2

Ein Fallbuch für die klinische Arbeit

2., unveränderte Auflage

Vandenhoeck & Ruprecht

Mit 2 Abbildungen und 6 Tabellen

Bibliografische Information der Deutschen Nationalbibliothek

Die Deutsche Nationalbibliothek verzeichnet diese Publikation in der
Deutschen Nationalbibliografie; detaillierte bibliografische Daten sind
im Internet über http://dnb.d-nb.de abrufbar.

ISBN 978-3-525-40244-3

Weitere Ausgaben und Online-Angebote sind erhältlich unter: www.v-r.de

Umschlagabbildung: HelgaLin/shutterstock.com

© 2016, 2014, Vandenhoeck & Ruprecht GmbH & Co. KG,
Theaterstraße 13, D-37073 Göttingen /
Vandenhoeck & Ruprecht LLC, Bristol, CT, U.S.A.
www.v-r.de
Satz: SchwabScantechnik, Göttingen
Umschlag: SchwabScantechnik, Göttingen
Druck und Bindung: ⊕ Hubert & Co GmbH & Co. KG,
Robert-Bosch-Breite 6, D-37079 Göttingen

Gedruckt auf alterungsbeständigem Papier.

Inhalt

Geleitwort

Die Operationalisierung der Psychodynamischen Diagnostik, der sich unser interdisziplinärer Arbeitskreis OPD-KJ seit 1996 widmete, ist nun mit dem Manual der OPD-KJ-2 zu einem vorläufigen Höhepunkt und Abschluss gekommen.

In der psychodynamischen Arbeit mit Kindern und Jugendlichen kann aus dem Einsatz des diagnostischen Instruments ein großer Mehrwert gezogen werden. Die Therapeuten und Therapeutinnen können sich mittels operationalisierbarer Kriterien eine nachvollziehbare diagnostische Rechenschaft ablegen und mit erhöhter Genauigkeit und Differenzierung beziehungsdynamische, konfliktdynamische und strukturdiagnostische Befunde erheben, so dass diese eine individuell spezifischere Wegfindung in der therapeutischen Arbeit ermöglichen.

Das Konstrukt des überdauernden psychischen Konflikts ist für eine psychodynamische Betrachtung psychischer Symptome von zentraler Bedeutung. Neben den interaktionellen Aspekten und der Fähigkeit zur Selbstregulation stellt es fundamentale Lebensthemen vor, die durch innere Widersprüche eine Entwicklungshemmung beim Kind hervorrufen können. Konflikt, Struktur und Beziehung sind in der OPD-KJ-2 keine voneinander unabhängigen Modellbildungen. Denn Konflikte werden in ihrer Ausprägung auch durch das Integrationsniveau der Struktur bestimmt und bilden sich oft in charakteristischen Beziehungsepisoden ab.

Dieses Buch entstammt dem Enthusiasmus und konzeptuellen Engagement der Arbeitsgruppe, die die Konfliktachse für OPD-KJ-2 weiterentwickelt hat, um dann in einem erweiterten Kreis von Psychotherapeutinnen und Psychotherapeuten die Anwendungsfelder der operationalisierten Diagnostik im klinischen Bereich auszuloten. Das Spektrum umfasst auch Langzeitpatienten und reicht von Elternarbeit über Jugendhilfe, tagesklinische Settings bis zu den Fragen der Supervision und Intervision, wobei das Thema Qualitätssicherung den Abschluss bildet.

Die Beschäftigung mit den Problemen der Operationalisierten Psychodynamischen Diagnostik ist weniger ein Unterfangen als eine grundsätzliche Haltung! Die Arbeit an der OPD-KJ-2 hat uns alle mit viel Einsatz an dem Prozess teilhaben lassen und uns mit Innovationsfreude und Erfahrungen der Gemeinsamkeit persönlich erfüllt. Viel von diesem positiven Geist einer gelungenen Kooperation ist in den Beiträgen dieses Buches zu spüren.

Ich wünsche diesem Werk weite Verbreitung und Akzeptanz.

Franz Resch
Mitglied des Koordinationsausschusses des Arbeitskreises OPD-KJ-2

Einführende Worte

In der Diagnostik und Therapie von Kindern und Jugendlichen wird die Operationalisierte Psychodynamische Diagnostik (OPD-KJ) in den letzten Jahren zunehmend eingesetzt. Die Auswertung der Informationen aus Interviews mit Eltern und Kindern bzw. Jugendlichen, aus Spielbeobachtung, Anamnese und szenischem Verstehen erlaubt auf vier Achsen (Beziehung, Konflikt, Struktur, Behandlungsvoraussetzungen) eine gut operationalisierbare Einschätzung verschiedener, für die Diagnose und Indikation wichtiger Dimensionen, wie zum Beispiel typischer Konflikte sowie struktureller und motivationaler Voraussetzungen des Patienten.

Zur Differenzialindikation der analytischen bzw. tiefenpsychologisch orientierten Psychotherapie ist die Beurteilung der Achsen Konflikt und Struktur ein wesentlicher Baustein. Für die therapeutische Arbeit im analytischen Setting ist die Konfliktachse mit ihren typischen entwicklungsbehindernden Themen von besonderem Wert, da unbewusste Konflikte genuin mit dem analytischen und tiefenpsychologisch fundierten Setting verbunden sind.

Aus diesem Grund hat sich die Arbeitsgruppe der Konfliktachse der OPD-KJ-2 um Kinder- und Jugendlichentherapeuten aus der VAKJP erweitert. Wir haben uns in den vergangenen Jahren intensiv zum einen der Überarbeitung der Konfliktachse im neu erschienem Manual OPD-KJ-2 (Arbeitskreis OPD-KJ-2, 2013) und zum anderen mit der klinischen Anwendung der Konfliktachse in verschiedenen Praxisfeldern wie ambulanter und stationärer Therapie, Elternarbeit, Supervision und Intervision beschäftigt.

Das Ergebnis dieser spannenden Arbeit an klinischen Fällen legen wir nun vor, ergänzt durch einige Befunde, die sich auf die Arbeit mit Babys und mit gesunden Kindern und Jugendlichen beziehen. Schließlich möchten wir mit einem Beitrag zur Qualitätssicherung Mut machen, die OPD-KJ-2 auch in diesem Bereich einzusetzen.

Die Arbeit hat uns allen viel Spaß gemacht und ich denke, das merkt man diesem Buch auch an.

Inge Seiffge-Krenke
Sprecherin der Achse Konflikt der OPD-KJ-2

Die diagnostische Arbeit mit der Konfliktachse: Einige Hilfestellungen

Die Operationalisierte Psychodynamische Diagnostik im Kindes- und Jugendalter (OPD-KJ) hat einen besonderen Anspruch. Ihr Zugang ist entwicklungspsychopathologisch, das heißt, sie verbindet in der Diagnostik entwicklungspsychologische mit klinisch-psychiatrischen und psychotherapeutischen Perspektiven. Damit stellt die OPD-KJ eine komplexe, mehrdimensionale und entwicklungsbezogene Diagnostik dar, die über klassische psychiatrische Diagnosen und Entwicklungsdiagnostik hinausgeht. Die Operationalisierung psychodynamischer Konzepte wie Beziehung, Konflikt, Struktur und Behandlungsvoraussetzungen wurde vor einigen Jahren manualisiert (Arbeitskreis OPD-KJ, 2003); mit der 2. Auflage (Arbeitskreis OPD-KJ, 2007) wurde das Manual für die diagnostische Einschätzung bei Kindern und Jugendlichen erneut standarsidiert und hat inzwischen eine weite Verbreitung in der Kinder- und Jugendlichenpsychiatrie und -psychotherapie gefunden. Gegenwärtig liegt eine auf der Basis der Trainings und der klinischen Erfahrungen vorgenommene umfangreiche Überarbeitung (Arbeitskreis OPD-KJ-2, 2013) vor, die eine gut operationalisierbare Einschätzung verschiedener, für die Diagnose und Indikation wichtiger Dimensionen auf vier Achsen (Beziehung, Konflikt, Struktur, Behandlungsvoraussetzungen) erlaubt und Hilfen für die klinische Anwendung gibt.

Im Zentrum dieses Buches steht die klinische Arbeit mit der Konfliktachse; es werden allerdings auch Aspekte der Behandlungsvoraussetzungen und der strukturellen Voraussetzungen für eine Therapie berührt. Bei der Einstufung auf der Konfliktachse geht es um die Einschätzung eines zeitlich überdauernden intrapsychischen und entwicklungshemmenden unbewussten Konflikts, der in einem aktiven oder passiven Modus vom Kind oder vom Jugendlichen verarbeitet wird (siehe Manual der OPD-KJ-2, Arbeitskreis OPD-KJ-2, 2013, S. 139–196). Dieser Konflikt kann sich in verschiedenen Entwicklungsbereichen (Familie, Gleichaltrige, Kindergarten/Schule/

Beruf sowie Körper/Krankheit) zeigen. Je mehr Bereiche von dem Konflikt betroffen sind, umso eingeschränkter und »kränker« ist das Kind bzw. der Jugendliche. Konfliktfreie Bereiche sind hingegen als Ressourcen zu werten.

Insgesamt können sieben verschiedene Konfliktthemen (Nähe vs. Distanz, Unterwerfung vs. Kontrolle, Selbstversorgen vs. Versorgtwerden, Selbstwertkonflikt, Schuldkonflikt, ödipaler Konflikt, Identitätskonflikt) bezüglich ihrer Ausprägung eingeschätzt werden. Bei der Einstufung der sieben Themen der Konfliktachse sollten die Altersfenster berücksichtigt werden, auch wenn uns die Patienten beispielsweise als deutlich »jünger« erscheinen. Dies ist wichtig, denn ein intrapsychischer Konflikt ist per definitionem eine Entwicklungsbehinderung. Diese Altersfenster beziehen sich auf die Altersstufe 1 (drei bis fünf Jahre, d. h. das Klein- und Vorschulkind), die Altersstufe 2 (sechs bis zwölf Jahre, d. h. die mittlere Kindheit) und die Altersstufe 3 (13 bis 18 Jahre, d. h. die Adoleszenz). Eingestuft wird also jeweils nach dem realen Alter, auch wenn die Kinder deutlich jünger oder älter wirken.

Zusätzlich zu den sieben Konfliktthemen ist es möglich, die Beeinträchtigung des Kindes oder Jugendlichen aufgrund von schweren Lebensbelastungen einzuschätzen. Unter schweren Lebensbelastungen verstehen wir kritische Lebensereignisse wie Scheidung, Umzug, Migration, schwere psychische oder körperliche Erkrankung eines Familienmitglieds oder Arbeitslosigkeit. In der Regel findet man bei Kindern und Jugendlichen in ambulanter oder stationärer Psychotherapie zahlreiche schwere Lebensbelastungen. Auch schwere Traumata wie sexueller Missbrauch, körperliche oder emotionale Misshandlung etc. gehören dazu. Man muss allerdings vor einer inflationären Verwendung des Begriffs »traumatisiert« warnen. Diese schweren Lebensbelastungen sind auf der Befunddokumentation (vgl. Arbeitskreis OPD-KJ-2, 2013, S. 390) anzugeben, und zwar unterschieden nach schweren Lebensbelastungen, die in den letzten sechs Monaten vor dem diagnostischen Gespräch lagen, und noch länger zurückliegenden. Schwere Lebensbelastungen bis zu sechs Monaten vor dem diagnostischen Gespräch bzw. den probatorischen Sitzungen können die Einschätzung von Konflikten erschweren, da die Abwehr massiv erhöht und auch das Strukturniveau beeinträchtigt sein kann.

Alltagsbelastungen dagegen (wie schlechte Noten bekommen, Streit mit den Eltern, Alltagskonflikte zwischen Eltern und Kindern über Hausaufgaben, Aufräumen und Ausgehen) sind häufig und nur mild belastend und relativ leicht von Kindern und Jugendlichen zu bewältigen. Sie werden nicht eingeschätzt, denn sie haben in der Regel keinen Krankheitswert, sondern können sogar, und das gilt besonders in der Adoleszenz, eine entwicklungsfördernde Funktion haben, da mehr Autonomie mit den Eltern ausgehandelt wird.

Das Manualisierungskapitel (vgl. Arbeitskreis OPD-KJ-2, 2013, S. 139–196) erleichtert die Einstufung, indem es für jeden Konflikt und jeweils gegliedert nach Altersstufen und betroffenem Lebensbereich den aktiven und passiven Modus der Verarbeitung der sieben Konflikte erläutert. Das folgende Einstufungsschema (vgl. Tabelle 1) enthält im Überblick einige Informationen, die hilfreich bei der Festlegung des jeweils wichtigsten bzw. zweitwichtigsten Konflikts und des entsprechenden Verarbeitungsmodus sind.

Bei der Einstufung ist wichtig, sich Folgendes zu verdeutlichen: Der Nähe-versus-Distanz-Konflikt sollte nur dann diagnostiziert werden, wenn Bindungen elementar gestört sind. Er zeigt sich im aktiven Modus als Angst vor Nähe und Suche nach übersteigerter emotionaler Unabhängigkeit und im passiven Modus als Angst vor Trennung und Suche nach engen Beziehungen. Er sollte nicht diagnostiziert werden, wenn flexible Bindungen zu anderen möglich sind, zum Beispiel außerhalb des Elternhauses zu anderen Personen. Der Konflikt Unterwerfung versus Kontrolle bedeutet, dass Selbst- und Fremdkontrolle beziehungsbestimmend sind. Im aktiven Modus findet man ständiges Aufbegehren gegen Pflichten, im passiven Modus Gefügigkeit und Unterordnung. Beim Konflikt Selbstversorgen versus Versorgtwerden ist das Versorgtwerden das beziehungsbestimmende Thema. Im aktiven Modus finden wir Selbstversorgung und Aufopferung für andere, im passiven Modus ein anklammerndes, parasitäres Verhalten. Beim Selbstwertkonflikt steht die Regulierung des Selbstwertes im Vordergrund. Im aktiven Modus finden wir eine grandiose Selbstüberschätzung, im passiven Modus deutliche Einbrüche des Selbstwertes. Der Schuldkonflikt entsteht dann, wenn Kinder und Jugendliche versuchen, die Beziehung zu den Eltern in jedem Fall zu sichern und unangemessene

Tabelle 1: Übersicht über die Konfliktthemen und Modi

Konflikte	Nähe vs. Distanz	Unterwerfung vs. Kontrolle	Selbstversorgen vs. Versorgtwerden	Selbstwertkonflikte	Schuldkonflikte	ödipale Konflikte	Identitätskonflikte
Wann diagnostizieren?	existenzielle Bedeutung von Bindung; Bindungen sind nicht sicher; liegt nicht vor, wenn flexible Beziehungen möglich sind	Selbst- und Fremdkontrolle ist lebensbestimmend	Versorgung ist lebensbestimmend; Beziehungsfähigkeit ist vorhanden	Regulierung des Selbstwertes steht im Vordergrund, überragt in seinem Ausmaß alle anderen Konfliktebenen	Beziehungen (zu Eltern) sichern; Über-Ich- oder Schuldkonflikte mit konstanter, selbstaufopfernder prosozialer Handlung; unangemessene Loyalität und/oder deren Abwehr	erotisch-sexuelle Wünsche und/oder deren Abwehr; alle Beziehungen sind durch den Konflikt bzw. dessen Abwehr getönt	Identitätsfindung ist lebensbestimmend; Suche nach kontinuierlichem und kohärentem Selbst

Konflikte	Nähe vs. Distanz	Unterwerfung vs. Kontrolle	Selbstversorgen vs. Versorgtwerden	Selbstwertkonflikte	Schuldkonflikte	ödipale Konflikte	Identitätskonflikte
aktiver Modus	Angst vor Nähe; übersteigerte emotionale Unabhängigkeit; emotionale Teilnahmslosigkeit; wenig Interesse an Beschäftigung mit Gleichaltrigen	ständiges Aufbegehren gegen Aufgaben und Pflichten; für Ordnung sorgend; Regeln setzend; Macht ausübend; Selbstbehauptung	Selbstversorgung; Selbstaufopferung; Übersteigerte Autarkie; Bedürfnislosigkeit	grandiose Selbstüberschätzung; Glaube an eigene Besonderheit; Besserwisserei	Entwertung; gewissenlos; rücksichtslos; keine Verantwortung übernehmend; Zynismus; Egoismus; amoralisch; inner- und außerfamiliär grenzverletzend; ständig anschuldigend	Betonung der Sexualität/Geschlechtsrolle; problematische triadische Beziehungen; Rivalität; Konkurrenzverhalten; körperlich grenzüberschreitend; »Macho«, »Prinzesschen«	unkritische Übernahme von Ansichten und Werten; wechselnde Identifizierungen; Ruhelosigkeit; widersprüchliche Selbstvorstellung; Unstetigkeit; »Chamäleon«

Konflikte	Nähe vs. Distanz	Unterwerfung vs. Kontrolle	Selbstversorgen vs. Versorgtwerden	Selbstwertkonflikte	Schuldkonflikte	ödipale Konflikte	Identitätskonflikte
passiver Modus	Angst vor Trennung; Suche nach engen Beziehungen; eigene Bedürfnisse nicht durchsetzend	Gefügigkeit und Unterordnung; Passiver Widerstand	anklammernd; parasitär; ansprüchlich	Einbruch des Selbstwertes bei Ausbleiben von Zuwendung und Anerkennung; Bloßstellung befürchtend; Ängste, Neues auszuprobieren	überzogene Treuebindung (an die Eltern); schwere Schuld abarbeitend; Wiedergutmachungsverhalten; Selbstvorwürfe; Selbstzuschreibung	sachlich; sexuell unattraktiv, Vermeidung der Geschlechtsrolle; Gehemmtheit; fehlende sexuelle Neugier; Nachgiebigkeit; »graue Maus«	Orientierungslosigkeit; Ratlosigkeit; Verwirrtheit; Perspektivlosigkeit; Exploration stark eingeschränkt; Rückzug in Herkunftsfamilie; farblos, uninteressant, ambivalent

Schuldgefühle haben. Im aktiven Modus finden wir Entwertungen familiärer Beziehungen, im passiven Modus erwecken die Kinder und Jugendlichen den Eindruck, als hätten sie schwere Schuld auf sich geladen, und zeigen eine überzogene Treuebindung an die Eltern. Beim ödipalen Konflikt stehen erotisch-sexuelle Wünsche und deren Abwehr im Vordergrund. Sexualität und triadische Beziehungen werden im aktiven Modus betont, während die Kinder und Jugendlichen im passiven Modus sehr sachlich und eher sexuell unattraktiv und uneindeutig erscheinen. Beim Identitätskonflikt sind Identitätsfindung und -sicherung lebensbestimmend. Im aktiven Modus finden wir eine unkritische Übernahme wechselnder Identifizierungen, im passiven Modus Orientierungs- und Ratlosigkeit.

Bei der Konfliktdiagnostik ist eine wichtige Frage, wie man den Konfliktfokus findet. Hier geht es darum, welches Konfliktthema erlebens- und verhaltensbestimmend ist, wobei die unbewusste Dynamik, etwa in der Gegenübertragung und im szenischen Verstehen, ebenfalls einbezogen wird. Auch Märchen oder Lieblingsgeschichten bzw. -filme des Kindes oder Jugendlichen können wichtige Hinweise geben. Darüber hinaus muss man sich fragen, welcher Konflikt die Entwicklung des Kindes oder Jugendlichen am meisten behindert, hier wird also die Dysfunktionalität genauer betrachtet. Da aber im Verlaufe einer Behandlung oft auch noch andere konflikthafte Themen deutlicher werden, ist es sinnvoll, auf dem Einstufungsschema zu schauen, welche weiteren entwicklungsbehindernden Konflikte sich andeuten. Die Einstufung ist komplex, da eine Integration von diagnostischem Material aus vier verschiedenen Quellen notwendig ist:

a) aus dem Gespräch mit Kindern oder Jugendlichen und ihren Eltern,
b) aus der Beobachtung beim Spiel sowie aus den Ergebnissen der (projektiven) Testverfahren,
c) aus der Anamnese der Eltern und teilweise auch des Kindes oder Jugendlichen,
d) aus der szenischen Darstellung.

Wir gehen davon aus, dass die Qualität der psychodynamischen Diagnostik dann am höchsten ist, wenn sowohl das szenische Verstehen als auch die explorative Interviewtechnik zur Befunderhebung je nach Kind oder Jugendlichem und Fragestellung mit unterschiedlichem Schwerpunkt angewandt werden. Insbesondere in klinischen Zusammenhängen kann einer offenen Gesprächsführung mit Schwerpunkt auf dem szenischen Verstehen der Vorzug gegeben werden. Zur Einschätzung der intrapsychischen Konflikte bleibt das Kernstück der Befunderhebung das Interview mit dem Kind oder Jugendlichen. Zusätzlich ist die Anamnese der Eltern und/oder anderer Bezugspersonen unerlässlich.

Nach Bildung von Konflikthypothesen aus den ersten Sitzungen können dann in den nächsten Sitzungen gieltere Nachfragen im Vordergrund stehen (Trichterprinzip), die möglicherweise Aufschluss darüber geben können, welcher der verschiedenen Konflikte der (im Moment) wichtigste ist. Dieses Vorgehen bietet sich vor allem bei Kindern und Jugendlichen mit komorbiden psychiatrischen Störungen an, wo möglicherweise Entwicklungsbehinderungen in verschiedenen Bereichen vorliegen, die erst nach und nach in der Behandlung sichtbar werden. Schließlich ist auch für jeden intrapsychischen Konflikt der Modus genauer zu betrachten, das heißt, geht das Kind oder der Jugendliche im Rahmen der Verarbeitung dieses Konflikts eher aktiv oder eher passiv vor. Dies kann in den unterschiedlichen Lebensbereichen auch verschieden sein.

Auch Überlegungen über das Strukturniveau des Kindes oder Jugendlichen sind sinnvoll und notwendig. Bei der Einstufung auf der Strukturachse werden wichtige Aspekte wie Selbst-Objekt-Differenzierung und Emotionsregulierung eingeschätzt, aber auch die Kontakt- und Bindungsfähigkeit. Eine relativ gut integrierte Struktur (d. h. gute Fähigkeiten zur Selbst-Objekt-Differenzierung, zur Emotionsregulierung etc.) ist Voraussetzung dafür, dass sich intrapsychische Konflikte ausbilden können, die durch ein Aufeinanderprallen von Wunsch und Abwehr gekennzeichnet sind. Bei eingeschränkter Integration des Strukturniveaus sind eher Konfliktthemen als »echte« intrapsychische Konflikte zu erwarten. Wenn mehrere bedeutsame Konflikte vorliegen, könnte das auf eine psychiatrische Komorbidität von Störungen und/oder möglicherweise auch auf Strukturdefizite hindeuten.

Die Einstufung auf der Achse Behandlungsvoraussetzungen ermöglicht eine Einschätzung der persönlichen und familiären wie außerfamiliären Ressourcen des Kindes oder Jugendlichen, seiner Krankheitseinsicht und Behandlungsmotivation, aber auch der Behandlung entgegenstehender Widerstände wie sein Krankheitsgewinn. In der letzten Sitzung sollte ganz gezielt nach Behandlungsvoraussetzungen gefragt werden. In Abhängigkeit vom Setting kann es aber sinnvoll sein, die Frage nach der Behandlungsmotivation und den Erklärungen für eine Störung (»Warum, glaubst du, bist du hier?« »Was soll sich ändern?«) auch an den Anfang des Gesprächs zu stellen.

Ein typischer diagnostischer »Fehler« ist die relativ häufige Einschätzung eines Nähe-Distanz-Konflikts. Hier geht es um die existenzielle Bedeutung von Bindung; dieser Konflikt sollte nur dann diagnostiziert werden, wenn keine Bindungen vorliegen bzw. beim Wegfall von elterlichen Bindungen keine Alternativen entwickelt werden können. Ein anderer typischer »Fehler« ist die gehäufte Einschätzung eines Schuldkonflikts aufgrund der Tatsache, dass wir eine zunehmende Anzahl von Kindern und Jugendlichen aus Trennungs- und Scheidungsfamilien behandeln. Dieser ist nicht unbedingt und auch nicht ausschließlich an ein solches Trennungsthema gebunden. Schließlich ist zu bedenken, dass fast alle Patienten einen vergleichsweise niedrigen Selbstwert haben und ein Selbstwertkonflikt nur bei extremen Ausprägungen eingestuft werden sollte. Auch unter Beachtung der Regel, dass wir einen Selbstwertkonflikt nur bei extremer Ausprägung vergeben, finden wir jedoch eine relativ häufige Diagnose von Selbstwertkonflikten de facto vor. Auch traten bislang Probleme bei der Einstufung des Identitätskonflikts auf; er sollte nur bei einem deutlich entwicklungsbehindernden Thema und nicht bei den normalen Identitätsfragen von Kindern und Jugendlichen eingestuft werden.

OPD-KJ-2 für Babys?

Im Rahmen der psychoanalytischen Säuglings-Kleinkind-Eltern-Psychotherapie (Cierpka u. Windaus, 2007; Windaus, 2007) wurde intensiv mit Konzepten der OPD gearbeitet, vor allem in Bezug auf die Eltern des Babys. Die Fragen, die uns in diesem Kapitel beschäftigen sind: Kann man Babys therapieren? Zeigen sich Konflikte oder Vorläufer von Konflikten bereits im ersten Lebensjahr und kann bei der Einschätzung einer möglichen Entwicklungspsychopathologie die Konfliktachse hilfreich sein? In dem jüngst erschienenen Manual OPD-KJ-2 wurde bereits erwähnt, dass für die Altersstufe null bis zwei Jahre ein eigenes Instrument der psychodynamischen Einschätzung entwickelt werden soll. Eine Psychopathologie in diesem frühen Alter zu bestimmen ist aus vielen Gründen problematisch, da die schnelle Entwicklung im Säuglingsalter zu ständigen Veränderungen führt, Babys in ihrer absoluten Abhängigkeit von ihren Bezugspersonen eine hohe Anpassungsleistung erbringen müssen und gleichzeitig in ihrem Verhaltensrepertoire noch eingeschränkt sind. Was ist noch als normaler Ausdruck, normale Botschaft des Säuglings zu verstehen und wann wird ein Verhalten als zu extrem und schon gestört angesehen? Die intensiv wahrgenommenen Angebote von frühen Hilfen zeigen die Verunsicherung und Hilflosigkeit der jungen Familien.

Die neuere Säuglingsforschung, vertreten vor allem durch die Arbeiten von Daniel Stern (1998), geht davon aus, dass Säuglinge von Anfang an denken und fühlen und das elterliche Gegenüber verstehen wollen. Schon Melanie Klein hat sich in den 1950er Jahren in besonderer Weise mit dem Erleben von Säuglingen befasst, um die Interaktionsstörungen von Mutter und Baby erklären zu können (Klein, 1995–2002). Bion (1962, 1963, 1967, 2002) erläutert in seinen Konzepten »Container-Contained« und »mütterliche Reverie«, dass der Säugling zum Denken einen mentalen Container benötige, der ungedachte Elemente in sich aufnehme, verarbeite und dadurch denkbar mache. Bereits Neugeborene sind mit der angeborenen Fähigkeit ausgestattet, Sinneseindrücke zu unterscheiden. Sie haben jedoch noch nicht die Fähigkeit, eigene Bedürfnisse zu handhaben, und ihre kognitiven Fertigkeiten sind noch im Aufbau begriffen. Diese Fähigkeiten müssen sie in der Interaktion mit ihren Primärobjekten aufbauen (Cierpka u. Windaus, 2007). Ein gelungener Austausch zwischen Eltern und Säugling, besonders die elterlichen Fähigkeiten, eine angemessene und resonante Beziehung zu ihrem Baby zu gestalten, sind für eine gesunde Persönlichkeitsentwicklung des Kindes entscheidend und ein protektiver Faktor für die spätere Bewältigungsfähigkeit lebensgeschichtlicher Belastungen (Baradon et al., 2011). Diskrepanzen zwischen basalen kindlichen Bedürfnissen und deren unzureichender Beantwortung durch die primären Bezugspersonen können sich problematisch ausgestalten und thematisch Vorläufer späterer Konflikte werden. Der Säugling, der nur über ein unentwickeltes Ich und eine unentwickelte psychische Struktur verfügt, beantwortet diese Diskrepanzen meist mit psychosomatischen Symptomen und Regulationsstörungen (Berger et al., 2006).

Studien zeigen, dass 20 % der Säuglinge Regulationsstörungen aufweisen, wovon 10 % persistierende Störungsbilder sind (Berger et al., 2006). Diese Häufigkeit hängt mit der großen Vulnerabilität in dieser Lebensphase zusammen. Regulationsstörungen sind zunächst keine verfestigten symptomatischen Manifestationen kindlicher Psychopathologie. Viele haben den Charakter von Durchgangssymptomen, welche die kindliche Entwicklung begleiten. Dies gilt auch für Verhaltensweisen der Eltern in dieser Zeit. Nach Stern (1998) sind Eltern in überwiegender Mehrzahl psychisch »normal«, die Psychopathologie spielt sich auf der nonverbalen und prä-symbolischen Ebene ab. Die hohe Persistenz früher kindlicher Verhaltensstörungen und deren Auswirkung auf die weitere Persönlichkeitsentwicklung zeigen ebenso wie die neurobiologischen Erkenntnisse im Bereich der Interaktion von Erfahrung und Gehirnentwicklung, dass bei drohender pathologischer Entwicklung frühe psychotherapeutische Interventionen notwendig sind (Adler-Corman et al., 2013).

Die Indikation für eine Behandlung ergibt sich aus den subjektiv wahrgenommenen Belastungen der Eltern und des Kindes und nicht durch einen objektiv messbaren Schweregrad eines Symptoms. In der engen frühesten Beziehung zwischen Mutter/Eltern und Baby kann leicht eine sich selbst verstärkende Dysregulation entstehen, so dass die Indikation für eine erste diagnostisch-therapeutische Abklärung großzügig gestellt werden sollte. In den ersten Lebensmonaten treten – wie erwähnt – vor allem Regulationsstörungen (Schrei-, Schlaf- und Fütterstörungen), psychische Auffälligkeiten wie Kontakt- und Spielstörungen und psychosomatische Störungen wie zum Beispiel Neurodermitis und Asthma bronchiale auf. Meist betreffen die Symptome mehrere Funktionsbereiche und sind Folge von vorübergehenden Anpassungsschwierigkeiten. Sie können aber auch Ausdruck eines entgleisten Dialogs sein, der dann nachhaltig die Entwicklung behindern würde (Israel, 2007). Ein nicht zu beruhigender, schreiender Säugling kann die Eltern mit extremen Gefühlen konfrontieren, zum Beispiel wenn sie sich durch das Schreien angegriffen oder abgelehnt fühlen. Einschlafschwierigkeiten des Kindes können in Zusammenhang mit traumatisierenden Trennungserfahrungen der Eltern stehen, da eigene Verlassenheitszustände reaktiviert werden, die eine angemessene Bemutterung des Kindes erschweren.

Vorläufer der drei Konflikte Nähe versus Distanz, Unterwerfung versus Kontrolle und Selbstversorgen versus Versorgtwerden sind in den Behandlungen von Säuglingen/Kleinstkindern und deren Eltern bereits erkennbar und zu diagnostizieren. Diese Konfliktvorläufer erschließen sich aus dem Verstehen des unbewussten Dialogs zwischen Mutter bzw. Eltern und Kind. Diese Vorläufer werden als ein psychisch zusammenhängendes psychodynamisches System verstanden. So kann die Handlung eines Säuglings während des verbalen Dialogs zwischen Therapeut und Mutter die unbewusste Bedeutung inszenieren, die dann vom Therapeuten wiederum aufgenommen und verbalisiert wird. Damit wird ein neuer Denkraum geschaffen.

In den Interaktionen stellen sich unbewusste Wünsche, Ängste und deren Abwehr dar. Der Psychotherapeut, der als drittes Objekt nicht in die Störung verwickelt ist, ermöglicht auf der inneren Bühne von Mutter und Kind die Wiederaufnahme der Kommunikation von abgelehnten Anteilen (Norman, 2004). Die für die Säuglingszeit typische Regressionsbereitschaft und Reduzierung der psychischen Abwehr bei den Eltern, insbesondere bei der Mutter, eröffnen besondere Chancen für die Wirksamkeit frühzeitiger therapeutischer Interventionen. Sie verhindern eine Chronifizierung der Beziehungs-störung und können dauerhaften Somatisierungen und psychischen Erkrankungen präventiv begegnen. »Solange das Ich des Säuglings schwach ist, besitzen der Säugling und seine Mutter eine einzigartige Flexibilität, die sie befähigt, Störungen in ihrer Beziehung wieder in Ordnung zu bringen, wenn die emotionale Container-Contained-Verbindung (wieder)hergestellt ist« (Norman, 2004, S. 271). Objektre-präsentanzen und auch primitive Abwehrmechanismen werden erst stabilisiert, wenn das Ich hinreichend stark ist. Doch dann ist die ein-zigartige Flexibilität des Säuglings verloren. Es gibt also nur ein kurzes Zeitfenster für das »Ungeschehenmachen« (Norman, 2004, S. 271).

Unter Zuhilfenahme der Konfliktachse können transgenerational weitergegebene Konflikte in ihren Vorläufern beim Baby in statu nascendi erkannt und eingeordnet und eine Indikation für eine frühe Säuglings-Kleinkind-Eltern-Psychotherapie (SKEPT) gestellt werden. Das Konzept von SKEPT ermöglicht es dann, die frühen Interaktionsstörungen von Mutter und Kind unter psychoanalyti-schem Blickwinkel zu beobachten, entsprechend zu intervenieren und gleichzeitig die innere Welt des Kindes sowie die innere Welt von Mutter und Vater, also die wirksamen Beziehungsrepräsentanzen, zu verstehen und entwicklungsfördernd zu verändern.

Baby Charlotte: Nähe versus Distanz

Zum *Erstgespräch* erscheint eine gepflegt und sportlich, aber völlig erschöpft wirkende Mutter mit der elf Monate alten Charlotte, die sich mit weit aufgerissenen Augen angstvoll an ihre Mutter klammert. Zehn Tage vor Charlottes Geburt habe die Mutter ihren Mann tot in der Wohnung (Aneurysma) gefunden. Sie sei schreiend zusam-mengebrochen und habe die darauf folgende Hektik (Notarzt, Poli-zei, Krankenwagen) wie in einem Film wahrgenommen. Sie sei sich sicher gewesen, dass das Kind im Bauch auch tot sei, da es sich nicht mehr bewegt habe. Mit Blaulicht sei sie ins Krankenhaus gefahren worden. Dort habe man per Ultraschall festgestellt, dass das Kind noch lebe. Charlotte, ein sehr zartes und wie zu früh geboren wir-

kendes Baby, schreie tagsüber und vor allem nachts über mehrere
Stunden und ließe sich durch nichts beruhigen. Im engen Körperkontakt mit der Mutter schlafe sie zwar ein, schrecke dann aber regelmäßig nach einer knappen halben Stunde hoch und schreie »sich
dann weg«. Sie sei dann nicht mehr erreichbar. Tagsüber fahre sie
bei jedem lauteren Geräusch zusammen, beim Ertönen eines Mar-
tinshornes reagiere sie panisch, selbst den Föhn dürfe man nicht
betätigen. Die Situation sei inzwischen unerträglich und sie sei als
Mutter am Rande ihrer Belastungsfähigkeit. Sie selbst hätte ihr Leben
inzwischen wieder gut im Griff, wenn Charlotte nicht ständig in
diese Schreizustände verfallen und insgesamt übertrieben klammern
würde. Die Mutter dürfe sich überhaupt nicht entfernen, müsse Charlotte noch mehrfach am Tag stillen.

Motorisch sei ihr Töchterchen normal entwickelt, sie sage aber
noch nicht »Mama« und sei laut Kinderärztin zu leicht für ihr Alter.
Bei kurzen Trennungen, in denen Charlotte dann von der Großmutter mütterlicherseits betreut werde, entwickele sie ohne organischen
Befund plötzlich hohes Fieber. Sie selbst stehe sehr unter Druck, da
sie als Alleinerziehende in Vollzeit arbeiten möchte und Charlotte
in einer Tagesgruppe untergebracht werden solle. Am Ende des Erst-
kontaktes erzählt sie, dass sie selbst im Alter von einem Jahr ihren
Vater durch einen tödlichen Autounfall verloren habe und dass sie
sich nach dem Tod ihres Mannes umgebracht hätte, wenn Charlotte nicht auf der Welt gewesen wäre. Sie wolle aber nicht, dass ihr
Töchterchen die Verantwortung für sie trage, sie selbst habe das für
ihre Mutter tun müssen. Sie sei mit dem Satz groß geworden: »Du
bist alles, was ich habe.«

Die *Schwangerschaft mit Charlotte* erinnert die Mutter als belastet
und unruhig. Die Beziehung zu ihrem Mann sei aufgrund finanzieller
Engpässe von viel Streit geprägt gewesen. Zu ihrer *eigenen Geschichte*
berichtet sie, dass sie nach dem Tod ihres Vaters für ihre völlig überforderte Mutter ein immer ausgeglichenes und sonniges Kind habe
sein müssen. Sie habe nie körperliche Nähe zur Mutter erfahren,
könne sich nicht erinnern, jemals in den Arm genommen worden
zu sein. Ihr Verhältnis sei insgesamt sehr schwierig und angespannt.
Über den Tod des Vaters habe nie gesprochen werden dürfen; der Tod
habe aber wie eine dunkle Wolke durch ihre ganze Kindheit geschwebt.

Die Geburt von Charlotte habe die Mutter als unproblematisch empfunden, aber sie habe den Säugling dann nicht auf den Arm nehmen können. Sie sei völlig lethargisch und erstarrt gewesen, nicht fähig, »Liebe zu geben«. Die Großmutter habe die Fantasie, dass sie Charlotte irgendwann in eine Pflegefamilie abgebe, berichtet sie völlig affektlos. Unfähig, ihrer Tochter Gefühle (Trauer, Schuld, Aggressionen) und Nähe anzubieten, reagiert die Mutter mit Überversorgung. Charlotte darf nichts Eigenes entwickeln, muss als Selbstobjekt der Mutter den Beweis bringen, dass die Mutter gut und nicht schuldig ist. Die Trennung von der Mutter wird unbewusst mit Tod gleichgesetzt.

Auch im *zweiten Kontakt* wirkt Charlotte auf dem Arm der Mutter sehr ängstlich und schreckhaft; in Tuchfühlung mit ihr spielt sie mit mitgebrachten Spielsachen. In den *folgenden Sitzungen,* Charlotte ist inzwischen ein Jahr alt, bewegt sie sich maximal in einem Radius von einem Meter um die Mutter herum, verfolgt aber aufmerksam unser Gespräch und zeigt auf Spielmaterial. Als schwierig gestaltet sich, den Kontakt über mehrere Minuten zu Charlotte zu halten, da Mutter und Kind so eng miteinander verbunden sind und in einer Weise kommunizieren, dass die Therapeutin als Dritte kaum eine Chance bekommt. Charlotte beobachtet die Therapeutin genau, wendet sich dann aber immer wieder ausschließlich der Mutter zu. Wenn die Therapeutin Charlotte ein Kuscheltier oder einen Ball hinlegt, bringt sie die Mutter dazu, ihr das Spielzeug zu bringen. Es zeigt sich, dass je mehr die Mutter von ihren Ängsten spricht, die Erzieher kämen mit ihrer Tochter vielleicht in der Tagesstätte nicht zurecht, Charlotte umso mehr die körperliche Nähe der Mutter sucht und zu spielen aufhört. In der Gegenübertragung spürt die Therapeutin plötzlich Angst, dass Mutter und Baby den Raum verlassen und nie mehr wiederkommen. Als Reaktion auf die Intervention, Charlotte traue sich gar nicht von der Mama weg, hebt das Kind wie fragend die Händchen und krabbelt dann ein Stück weg.

Nach den diagnostischen Terminen wird eine *Säuglings-Kleinkind-Elterntherapie* als Kurzzeittherapie (KZT) beantragt, deren Fokus die Entwicklungsförderung von Charlotte ist. Sie soll erleben, dass sie sich altersentsprechend partiell von der Mutter entfernen darf und dass Getrenntsein nicht den absoluten Verlust bedeutet.

Charlottes Autonomiebestreben verbunden mit aggressiven Impulsen soll unterstützt werden. Die Mutter soll in ihren ablehnenden Gefühlen aufgefangen und in ihrer mütterlichen Kompetenz bestätigt werden. Während des *therapeutischen Prozesses* vergrößert Charlotte ihren Bewegungsradius im Therapieraum immer mehr und exploriert, anfangs die Mutter hinter sich herziehend, die Spielsachen. Der Eintritt in *die Kindertagesstätte* erscheint zunächst problemlos, Charlotte nimmt aber kaum Kontakt zu den anderen Kindern auf, sondern hängt an einer Erzieherin. Sonntagabends entwickelt sie häufig Fieber, so dass der Kita-Besuch am darauffolgenden Tag nicht möglich ist.

Die in der OPD-KJ-2 beschriebenen Merkmale für einen Nähe-versus-Distanz-Konflikt (existenzielle Trennungsangst, eingeschränkte Explorationsmotivation, mangelnde Triangulierungsfähigkeit, Somatisierungsneigung) waren in allen Lebensbereichen bereits erkennbar, so dass Vorläufer dieses Konflikts bereits im Alter von elf Monaten diagnostizierbar waren und eine sofortige therapeutische Intervention indiziert worden war. Im Therapiegeschehen zeigte sich der Nähe-versus-Distanz-Konflikt in der Gegenübertragung. Die Therapeutin hatte nach emotional intensiven Sitzungen die immer wiederkehrende Angst, dass sie Mutter und Charlotte nie mehr sehen, also selbst verlassen werden würde. Im weiteren *Verlauf der Mutter-Kind-Therapie* konnten sich beide aus der einengenden Verklammerung lösen und Charlotte ihre blockierte Entwicklung wieder aufnehmen.

Baby Anna: Selbstversorgen versus Versorgtwerden

Anna kommt im Alter von 14 Monaten mit ihrer Mutter zum *Erstgespräch*. Seit zwei Monaten schreie sie den ganzen Tag, sei immer unzufrieden und nörgelig und stelle ständig Anforderungen an die inzwischen völlig erschöpfte Mutter. Annas Stimmung kippe schlagartig, wenn ihre Wünsche nicht sofort erfüllt würden. Beide Eltern hätten sich ein glückliches Kind gewünscht und darauf gefreut und nun hätten sie ein schlecht gelauntes Baby. Vom sechsten bis zum zwölften Monat habe Anna nachts durchgeschrien, obwohl sie zuvor gut geschlafen habe. Die Eltern hätten das Buch »Jedes Kind kann schlafen lernen« (Kast-Zahn u. Morgenroth, 2006) studiert und sich entsprechend verhalten; das habe nach zwei Tagen geklappt. Die Mutter, eine auffallend dünne, dunkel gekleidete und bedrückt wirkende Frau, berichtet, sie bekomme Panikattacken durch das Geschrei und hasse inzwischen ihr Baby, das ständig an ihr klammere. Anna habe ihr alles genommen, ihr ganzes Leben! Sie gebe sich solche Mühe, habe Anna acht Monate lang gestillt, Krabbel- und PEKiP-Gruppen besucht, die aber alle durch die Unzufriedenheit des Babys hätten abgebrochen werden müssen. Auch ihre Ehe drohe auseinanderzubrechen, ihr Mann sei verzweifelt und äußere suizidale Fantasien. Er mache sich Sorgen, dass sie sich und dem Kind etwas antun könnte, das halte er nicht aus.

Anna, ein ernstes und etwas mürrisch blickendes, aber wohlgenährtes, kleines Mädchen, wirkt in ihrem pastellfarbenen Kleidchen diskrepant zu ihrer Mutter. Während die Mutter erzählt, robbt Anna zum großen Erstaunen der Mutter auf die Therapeutin zu und ergreift ein Klötzchen. Als die Therapeutin dies kommentiert und ihr ein weiteres Klötzchen reicht, lächelt Anna sie kurz an, wendet sich dann aber der Mutter zu und lässt die Mundwinkel herabhängen. Deutlich wird, wie sehr sie auf die Stimmung der Mutter reagiert. Die *Geburt* sei unproblematisch gewesen, die Mutter habe aber im letzten Drittel der Schwangerschaft wegen vorzeitiger Wehentätigkeit liegen müssen. Als die Therapeutin dies als belastend anspricht, wehrt sie es ab. Erst später wird verständlich, dass die Mutter es eher genossen hat, versorgt werden zu müssen. Das Verhältnis zu ihrer eigenen, schon immer sehr depressiven Mutter sei feindselig, sie bekomme von ihr nichts als Vorwürfe und Drohungen. Annas Vater sei beruflich viel unterwegs und nehme deswegen an den anamnestischen Sitzungen nicht teil. Er scheint aufgrund eigener Bedürftigkeit seine Frau nicht unterstützen zu können, stellt vielmehr selbst kindlich anmutende Forderungen nach Zuwendung.

Psychodynamisch ist zu erkennen, dass Anna auf Eltern trifft, die sich selbst nicht ausreichend versorgen können und in einer Art Rollenumkehr Bedürfnisbefriedigung von ihrem Baby erwarten. Vor allem der Mutter ist es nicht möglich, adäquat auf ihr Baby einzugehen und es emotional zu versorgen, so dass Anna dauerhaft ungesättigt und gierig bleibt. Wie die Mutter will auch sie von außen bedient werden, weint frustriert, statt mit ihrer Entwicklung fortzufahren. Auffällig ist, dass sie erst im Alter von 15 Monaten (und kurz nach dem Erstgespräch) erste Versuche macht aufzustehen. Mit der Mutter im Versorgungskonflikt verschmolzen zeigt sie keine progressiven Impulse und beginnt erst zu laufen, nachdem Mutter und Baby im Therapieraum die Erfahrung machen konnten, dass sie von der Therapeutin »gehalten« wurden und gleichzeitig Trennung zugelassen werden konnte. Wie sehr sich der Konflikt Selbstversorgen versus Versorgtwerden von der Mutter auf das Baby überträgt, zeigt sich in einer *Szene innerhalb der probatorischen Sitzungen.* Anna spielt mit der Therapeutin Ball. Sie lacht, klatscht in die Hände und wirkt entspannt. Währenddessen berichtet die Mutter, wie schwierig es für sie sei, ausreichend zu essen; sie habe an Kilogramm abgenommen, was Anna an Kilogramm zugenommen habe. Als die Therapeutin ihr antwortet, sie sehe sich noch so verbunden mit dem Baby, dass sie nur gemeinsam mit Anna ihr Normalgewicht erreiche und dass es wichtig sei, dass sie für sich selbst sorge, quäkt Anna laut und robbt zur Mutter. Diese gibt ihr einen Trinkbecher, den Anna aber nicht bedienen kann, da sie sich mit den Händen aufstützt. Sie beginnt zu weinen, die Mutter jammert und wird hilflos. Die Therapeutin interveniert an dieser Stelle, indem sie der Mutter erklärt, dass sie Anna helfen müsse sich hinzusetzen, damit sie aus dem Becher trinken könne. Nachdem dies geschehen ist, kommt Anna zur Therapeutin und reicht ihr mehrmals hintereinander den Becher.

An diesem Fallbeispiel zeigt sich ebenfalls, dass – auch wenn der zentrale Konflikt bei den Eltern bzw. hier in erster Linie bei der Mutter liegt – eine Diagnostik nach OPD-KJ-2 auch schon in der Säuglings-Kleinkind-Elternpsychotherapie wichtig ist, da der Versorgungs-Konflikt im Entstehen beim Baby zu erkennen und eine Manifestierung durch frühzeitige Intervention abzuwenden ist.

Hier ist wichtig zu bedenken, dass aufgrund der noch unzureichenden kognitiven Ausstattung des Babys bzw. Kleinkindes Erfahrungen mehrfach wiederholt werden müssen, um behalten zu werden, und die Gedächtnisleistungen noch nicht so ausgereift sind wie bei älteren Kindern. Entsprechend kann eine bessere Bemutterung dann auch relativ schnell zu positiven Ergebnissen beim Kind führen. Deutlich wird, wie sehr Annas Mutter die Therapeutin als Modell annehmen kann. Eine von der Therapeutin als dringend erachtete eigene Psychotherapie bricht die Mutter nach wenigen Stunden wieder ab. Sie habe sich dort nicht verstanden gefühlt, da sie zu stark mit ihrer eigenen Störung konfrontiert worden sei. In gemeinsamen Sitzungen mit ihrem kleinen Mädchen ist sie aber zunehmend in der Lage, »Gutes« anzunehmen, was sich auch in einer deutlichen Gewichtszunahme bemerkbar macht. Nach dem letzten Familienurlaub, in dem die Eltern viel mit Anna gespielt haben, erzählt sie, dass sie sich neu in ihr Töchterchen verliebt habe. Aus therapeutischer Sicht war besonders die enge symbiotische Verbindung zwischen Mutter und Tochter eine Herausforderung (»nimmt die eine zu, nimmt die andere ab«), das heißt, notwendig war ein Vorgehen, das beide, Mutter und Baby gleichermaßen, versorgte und nicht jeweils eine auf Kosten der anderen. Ein weiterer entwicklungsfördernder Aspekt war hierbei, dass die Mutter, die dem Vater kaum triangulierenden Raum ließ, die Therapeutin als Dritte ertragen konnte. In der sich konstellierenden Dreiersituation entwickelte die Mutter eigene Triangulierungsfähigkeiten, so dass sie ihrem Baby erlauben konnte, eine Beziehung zu einem Dritten aufzunehmen, ohne sich selbst existenziell bedroht zu fühlen. An den sporadisch stattfindenden Sitzungen im weiteren Therapieverlauf nahm der Vater kontinuierlich teil.

Haben gesunde Kinder und Jugendliche intrapsychische, entwicklungshemmende Konflikte?

Psychische Störungen bei Kindern und Jugendlichen lassen sich auf ein dysfunktionales psychodynamisches Geschehen zurückführen (Arbeitskreis OPD-KJ-2, 2013). Dieses dysfunktional veränderte psychodynamische System spiegelt sich im Erleben und Verhalten unserer Patienten in Form von Symptomen wider. Eine pathologische psychische oder psychosomatische Symptomatik kann somit ein Hinweis auf eine strukturelle Störung oder auf intrapsychische, entwicklungshemmende Konflikte sein. Wie sieht es aber bei Kindern und Jugendlichen aus, welche keine solche Symptomatik zeigen? Ist dies gleichzeitig ein Hinweis darauf, dass keine intrapsychischen Konflikte vorliegen?

Zur Beantwortung dieser Frage müssen wir eine Unterscheidung zwischen alltäglichen Konflikten und Konflikten im Sinne der OPD-KJ-2 machen (vgl. Kapitel 1: »Die diagnostische Arbeit mit der Konfliktachse: Einige Hilfestellungen«). Alltägliche Konflikte zwischen Eltern und ihren Kindern sowie unter Gleichaltrigen und somit das Erlernen und Erproben von Abgrenzung und Selbstbehauptung dienen der Entwicklung von Autonomie und Identität (Seiffge-Krenke, 2009). Sie sind in der Regel mild belastende Konflikte. Die folgenden Häufigkeiten alltäglicher Konflikte von Kindern stammen aus Daten, welche 2002 für das Projekt Kinderpanel des deutschen Jugendinstituts erhoben wurden (Teubner, o. J.) und einen kurzen Überblick geben sollen. Bei fünf- bis sechsjährigen Kindern wurden die Mütter (N = 1018) zu typischen Konflikten mit ihren Kindern befragt. Es zeigte sich, dass Aufräumen des Zimmers (50 %), zu Bett gehen (29 %) und Kleidung (24 %) häufige Konfliktursachen waren. Die acht- bis neunjährigen Kinder (N = 879) gaben selbst Konfliktursachen und -häufigkeiten an: Aufräumen des Zimmers (43 %), Hausaufgaben (29 %) und zu Bett gehen (27 %) gehörten zu den meist genannten Ursachen. Mansel (1992) erforschte Konfliktanlässe und deren Häufigkeiten bei Jugendlichen (N = 3621). Unordentlichkeit (24 %), zu Hause nicht helfen wollen (17 %), schulische/ berufliche Leistungen (13 %) und das abendliche Ausgehen (12 %) wurden häufig als alltägliche Konflikte berichtet. Alltägliche Konflikte stehen in der Regel in direkter Verbindung mit den jeweiligen phasengerechten Entwicklungsaufgaben der Kinder und Jugendlichen.

Hingegen sind Konflikte im Sinne der OPD-KJ-2 »zeitlich überdauernde psychodynamische Konflikte, die in den entsprechenden Situationen immer wieder zu ähnlichen Verhaltensmustern führen, ohne dass diese bewusst wären« (Arbeitskreis OPD-KJ-2, 2013, S. 139). Ob eine schwierige entwicklungsgerechte Aufgabe bzw. ein im Verlauf der Kindheit phasengerechter Konflikt zu einem intrapsychischen, zeitlich überdauernden, entwicklungshemmenden Konflikt wird, hängt von gewissen Erfahrungen innerhalb bedeutsamer Objektbeziehungen ab. Die Internalisierung eines Konflikts ist eine wiederholte maladaptive Erfahrung mit bedeutenden Objekten, welche sich im intrapsychischen System niederschlagen und zu einer Entwicklungsbehinderung führen kann.

Studie an gesunden und klinisch auffälligen Kindern

In unserer Studie untersuchten wir erstmals, ob intrapsychische Konflikte bei klinisch unauffälligen Kindern und Jugendlichen vorkommen, und wenn ja, um welche intrapsychischen Konflikte es sich dann handelt. Hierzu wurde ein halbstandardisiertes Interview zur OPD-KJ (Rathgeber, Sommer u. Seiffge-Krenke, 2009) mit klinisch auffälligen und klinisch unauffälligen (im Folgenden »gesunde« genannt) Kindern und Jugendlichen durchgeführt, mittels der OPD-KJ-Achsen Konflikt und Struktur ausgewertet und beide Stichproben miteinander verglichen. Die sieben verschiedenen Konflikttypen und die Lebensbelastung innerhalb der letzten sechs Monate der Achse *Konflikt* können mit 0 = *nicht sichtbar* (jeweils im Sinne der Ankerbeispiele im Manual), 1 = *vorhanden und wenig bedeutsam,* 2 = *vorhanden und bedeutsam* und 3 = *vorhanden und sehr bedeutsam* geratet werden. Zusätzlich wird ein wichtigster und zweitwichtigster Konflikt und der vorherrschende Konfliktverarbeitungsmodus bestimmt. Zudem können weitere Konfliktthemen sowie das Vorhandensein einer länger zurückliegenden *Lebensbelastung* befundet werden. Das Integrationsniveau der Struktur wird über die Achse *Struktur* mit 1 = *gute Integration* (jeweils im Sinne der Ankerbeispiele im Manual), 2 = *mäßige Integration,* 3 = *geringe Integration,* 4 = *Desintegration* sowie mit *nicht beurteilbar* geratet (zur vollständigen Beschreibung der Achsen siehe Arbeitskreis OPD-KJ-2, 2013).

Die Interviewer und Rater der gesunden Stichprobe waren Bachelorstudierende der Psychologie im dritten Semester, welche zuvor an einem Seminar und an Übungen zum Thema Entwicklungspsychopathologie und Anwendung der OPD-KJ teilgenommen hatten. Eine weitere Raterin war eine Studentin, welche im Rahmen ihrer Diplomarbeit zum Thema OPD-KJ Interviews führte und auswertete. Die gesunde Stichprobe wurde selbstständig von den Studierenden rekrutiert. Teilnehmer durften nur Kinder und Jugendliche sein, von welchen anamnestisch bekannt war, dass sie bisher nicht in psychiatrischer oder psychotherapeutischer Behandlung gewesen waren. Die Teilstichprobe der klinisch auffälligen Kinder und Jugendlichen stammt aus einer größeren Originalstichprobe (genauere Angaben zur Originalstichprobe in Rathgeber, Sommer u. Seiffge-Krenke, 2014). Hieraus wurden Forschungszwillinge gezogen, welche insgesamt der Verteilung des Alters und des Geschlechts innerhalb der gesunden Stichprobe entsprachen. Die Interviewer und Rater der klinischen Stichprobe (Studierende des Diplomstudiengangs Psychologie) hatten zuvor an drei OPD-KJ-Schulungen teilgenommen. Die klinisch auffälligen Kinder und Jugendlichen sowie deren Eltern wurden über ein Informationsschreiben, welches in Kinder- und Jugendlichenpsychiatrien ausgehändigt wurde, um ihre Teilnahme gebeten. Darüber hinaus wurden ambulant analytisch sowie tiefenpsychologisch arbeitende Psychotherapeuten um Teilnahme gebeten. Diese wurden zu ihren teilnehmenden Patienten interviewt. Die Einschätzung der Konflikte und der Struktur der klinisch auffälligen Patienten erfolgte anhand der OPD-KJ-Interviews, der Einschätzung der jeweiligen Behandler sowie des Gesamtbildes zum Zeitpunkt des Behandlungsbeginns.

Die Gesamtstichprobe der vorliegenden Studie (N = 80) bestand aus jeweils 17 Kindern sowie jeweils 23 Jugendlichen pro Teilstichproben (gesunde vs. klinische). In der klinischen Teilstichprobe hatten Kinder am häufigsten F30er-, F40er- und F90er-ICD-10-Diagnosen, die Jugendlichen am häufigsten F30er- sowie F40er-ICD-10-Diagnosen. Innerhalb der Gesamtstichprobe waren die Kinder (N = 34) im Durchschnitt 9,5 Jahre alt, die Jugendlichen (N = 46) 15,3 Jahre alt. In 71 % der Fälle waren die Kinder weiblich und in 29 % der Fälle männlich. In der Jugendstichprobe nahmen 65 % weibliche und 35 % männliche Jugendliche teil. Bei wenigen gesunden Kindern und Jugendlichen wurde ein bedeutsamer intrapsychischer, entwicklungshemmender Konflikt nach der OPD-KJ befundet. Jedoch fanden sich häufig wenig bedeutsame Konflikte in Form von unbewusstem konflikthaften Erleben und Verhalten bei gesunden Kindern und Jugendlichen. Beispielsweise musste sich ein Jugendlicher in verschiedenen Lebensbereichen aufgrund der chronischen Erkrankung seiner Mutter unbewusst mit dem Konflikttyp Selbstversorgen versus Versorgtwerden auseinandersetzen. Es zeigte sich, dass dieser Jugendliche keinen Leidensdruck hierdurch verspürte, es ihm aber bereits schwerfiel, Hilfe anzunehmen oder sich Unterstützung zu holen. Dies führte im Verlauf des vergangenen halben Jahres zu einem Leistungsabfall im schulischen Bereich sowie zu weniger sozialen Kontakten mit der Peergruppe. Hier wurde der entsprechende Konflikt mit vorhanden, aber als wenig bedeutsam eingestuft.

Vergleich gesunde versus klinische Stichprobe

Intrapsychische Konflikte bei gesunden und klinisch auffälligen Kindern

Die Häufigkeit der *wichtigsten Konflikte* unterschied sich bei Kindern zwischen den Teilstichproben gesund versus klinisch kaum. Insgesamt fanden sich zwölf wichtigste Konflikte in der gesunden und 17 wichtigste Konflikte in der klinisch auffälligen Kinderstichprobe, was keinen statistisch bedeutsamen Unterschied ausmachte. Gesunde Kinder hatten als wichtigste Konflikte am häufigsten Unterwerfung versus Kontrolle sowie Nähe versus Distanz, klinisch auffällige Kinder am häufigsten Nähe versus Distanz, Unterwerfung versus Kontrolle und Selbstwertkonflikte. Wie aber sah es mit der Bedeutsamkeit der jeweiligen Konflikte aus? Hierzu wurden alle vorhandenen

Konflikte (mit mindestens Bedeutsamkeitsstufe 1) in die Auswertung einbezogen. Abbildung 1 zeigt die mittlere Bedeutsamkeit pro Konflikt für Kinder im direkten Vergleich zwischen gesunder und klinischer Teilstichprobe. Es zeigt sich, dass sich einige Konflikte im Sinne der OPD-KJ-2 in ihrer Bedeutsamkeit voneinander unterscheiden. Klinisch auffällige Kinder haben statistisch relevant bedeutsamere Nähe-versus-Distanz- und Selbstwertkonflikte als gesunde Kinder. Für Unterwerfung-versus-Kontrolle-Konflikte ergab sich immerhin noch ein marginal bedeutsamer Unterschied.

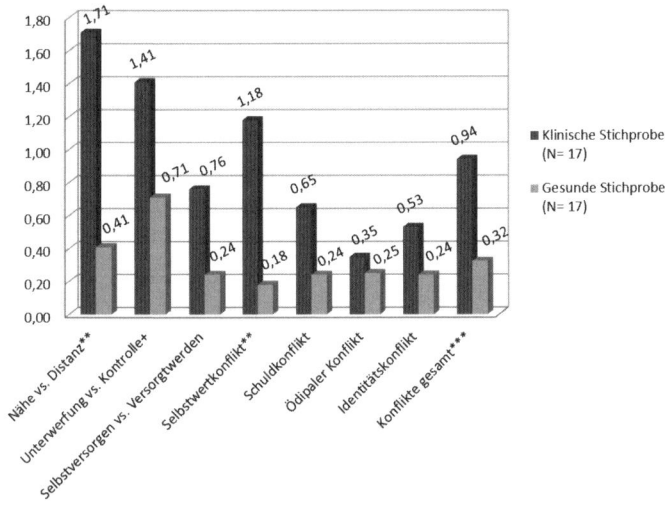

Abbildung 1: Durchschnittliche Bedeutsamkeit der Konflikte bei gesunden und klinisch auffälligen Kindern von 0 = nicht vorhanden bis 3 = sehr bedeutsam sowie Angabe signifikanter Unterschiede (+ ≤.06; ** ≤.01; *** ≤.001)

Bei klinisch auffälligen Kindern fanden sich interessanterweise für jene Konfliktthemen statistisch relevante Unterschiede, welche in Zusammenhang mit Entwicklungsaufgaben der mittleren Kindheit stehen: eine Balance zwischen Nähe und Distanz bei gleichzeitig realer Abhängigkeit von Eltern/Familie sowie einen Zugang zur Peergruppe finden (Nähe-versus-Distanz-Konflikt), des Weiteren die

eigene Selbstbehauptung innerhalb der Familie sowie unter Gleichaltrigen erproben und erreichen (Selbstwertkonflikte).

Das Austesten von Grenzen scheint ebenfalls in der mittleren
Kindheit noch ein wichtiges, im ungünstigsten Fall symptomver-
ursachendes Thema zu sein. Der hiermit assoziierte Unterwerfung-
versus-Kontrolle-Konflikt war innerhalb der Teilstichprobe der
gesunden Kinder sogar der am höchsten ausgeprägte Konflikt. Dies
bestätigt noch einmal, wie prominent dieses Konfliktthema auch in
der mittleren Kindheit ist. Schaut man sich nun alle Kinder an, welche für den Unterwerfung-versus-Kontrolle-Konflikt mit *1* (= vorhanden und wenig bedeutsam) bis *3* (= sehr bedeutsam) bewertet
wurden, so ergab sich eine durchschnittliche Lebensbelastung für
klinisch auffällige Kinder von *1,6* (= bedeutsam). Im Vergleich hierzu
lag bei gesunden Kindern mit *0* (= nicht vorhanden) keine Lebensbelastung vor. Das mittlere Integrationsniveau liegt für klinisch auffällige Kinder bei *3,3* (= gering) und für gesunde Kinder bei *1,5* (= gut
bis mäßig). Demnach scheint für unbelastete und psychisch besser
strukturierte Kinder von diesem Konflikt keine große Bedeutsamkeit auszugehen. Bei klinisch auffälligen Kindern hingegen hängt er
mit einer erhöhten Lebensbelastung und einer gering integrierten
intrapsychischen Struktur zusammen. Alle anderen Konflikte waren
im Durchschnitt bei gesunden Kindern nicht vorhanden.

Intrapsychische Konflikte bei gesunden
und klinisch auffälligen Jugendlichen

In der Stichprobe der Jugendlichen fanden sich 17 wichtigste Konflikte in der gesunden und 23 wichtigste Konflikte in der klinisch auffälligen Jugendlichenstichprobe. Auch hier ergab sich kein statistisch
bedeutsamer Häufigkeitsunterschied. Gesunde Jugendliche hatten als
wichtigsten Konflikt am häufigsten Unterwerfung versus Kontrolle,
Selbstversorgen versus Versorgtwerden und Selbstwertkonflikte. Bei
klinisch auffälligen Jugendlichen verteilte sich der wichtigste Konflikt
fast gleich häufig auf alle Konflikttypen, lediglich der Selbstwertkonflikt kam mit nur einem Fall innerhalb der Teilstichprobe als wichtigster Konflikt kaum vor. Hinsichtlich der Bedeutsamkeit der Konflikte ergaben sich für klinisch auffällige Jugendliche für Nähe versus
Distanz, Ödipale Konflikte und Identitätskonflikte statistisch rele-

vante Unterschiede im Vergleich zu gesunden Jugendlichen (siehe Abbildung 2). Ähnlich wie in der Kinderstichprobe fand sich auch für Jugendliche ein entwicklungsphasenkontingentes Muster: Besonders jene Konflikttypen waren statistisch bedeutsam erhöht, welche in Zusammenhang mit wichtigen Entwicklungsaufgaben in dieser Lebensphase stehen. Dazu zählen die Entwicklung von Unabhängigkeit gegenüber den Eltern (Nähe-vs.-Distanz-Konflikte), Identität (Identitätskonflikte) und reife Genitalität (Ödipale Konflikte).

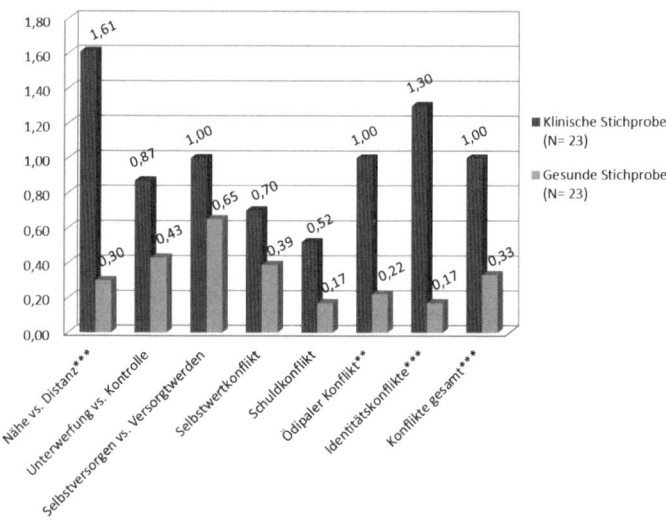

Abbildung 2: Durchschnittliche Bedeutsamkeit der Konflikte bei gesunden sowie klinisch auffälligen Jugendlichen von 0 = nicht vorhanden bis 3 = sehr bedeutsam und Angabe signifikanter Unterschiede (** ≤.01; *** ≤.001).

Gesunde Jugendliche zeigten für den Konflikt Selbstversorgen versus Versorgtwerden mit einer Bedeutsamkeit von 0,65 (= vorhanden und wenig bedeutsam) den höchsten Mittelwert, alle anderen intrapsychischen Konflikte waren bei gesunden Jugendlichen als nicht vorhanden einzustufen. Interessanterweise unterschieden sich auch die Häufigkeiten von Selbstversorgen versus Versorgtwerden als wichtigster Konflikt zwischen den Gruppen gesund versus klinisch mit 1,3 : 1 kaum. Die Konfliktanlässe nach Mansel (1992) weisen darauf hin, dass Themen wie zu Hause mithelfen und Pflichten erfüllen häufiger zu Streitigkeiten zwischen Eltern und ihren jugendlichen Kindern führen. Dies würde das Ergebnis erklären.

Konfliktverarbeitungsmodus und Integrationsniveau der Struktur

Der Konfliktverarbeitungsmodus war bei gesunden sowie auch klinisch auffälligen Kindern etwa gleichmäßig auf passiv (regressiv) und aktiv (kontraphobisch) verteilt. Für gesunde und klinisch auffällige Jugendliche ergab sich ein anderes Bild: Hier war zu drei Vierteln die passive und nur zu einem Viertel die aktive Konfliktverarbeitung vorhanden.

Die psychische Struktur betreffend lag das durchschnittliche strukturelle Integrationsniveau der gesunden Kinder bei gut bis mäßig, das der gesunden Jugendlichen bei gut. Im Vergleich hierzu hatten klinisch auffällige Kinder sowie Jugendliche ein durchschnittlich geringes strukturelles Integrationsniveau, welches sich damit statistisch signifikant von dem der gesunden Kinder und Jugendlichen unterschied.

Wann treten bei intrapsychischen Konflikten Symptome auf?

Warum haben manche Kinder und Jugendliche mit intrapsychischen, entwicklungshemmenden Konflikten klinisch auffällige Symptome und manche wiederum nicht? Hierzu konnten folgende statistisch relevante Unterschiede zwischen der gesunden und klinischen Teilstichprobe gefunden werden: Erstens legen die Daten nahe, dass entsprechend der jeweiligen Entwicklungsphasen die phasengerechten Konflikte bzw. Entwicklungskrisen/-aufgaben nicht bei allen Kindern und Jugendlichen adäquat gelöst werden konnten. Für einen Teil der Kinder und Jugendlichen wurden diese phasengerechten Konflikte über erstarrte, unflexibel gewordene Abwehrmechanismen zu intrapsychischen Konflikten und verursachten schließlich Symptome, durch welche diese Kinder und Jugendlichen klinisch auffällig wurden. Im Mittel haben diese symptomverursachenden, intrapsychischen Konflikte eine fünffach erhöhte Bedeutsamkeit für die Betroffenen.

Schaut man sich zusätzlich die Bedeutsamkeit der Lebensbelastungen im Sinne der OPD-KJ-2 an, so war diese für klinisch auffällige Kinder und Jugendliche im Durchschnitt achtfach gegenüber gesunden Kindern und Jugendlichen erhöht (siehe Tabelle 2). Man kann davon ausgehen, dass diese Werte die tatsächliche Lebensbelastung unterschätzen, da nur die Lebensbelastung innerhalb der letzten sechs Monate erfasst wurde.

Zuletzt unterschied sich, wie berichtet, das Integrationsniveau der Struktur im Sinne der OPD-KJ-2 zwischen den Teilstichproben deutlich: Gesunde Kinder und Jugendliche hatten im Durchschnitt ein gutes bis mäßiges Integrationsniveau, klinisch auffällige Kinder und Jugendliche hatten im Durchschnitt ein geringes Integrationsniveau.

Insgesamt kann man hier festhalten, dass sich die gesunde von der klinisch auffälligen Stichprobe in mehreren Faktoren statistisch relevant voneinander unterscheidet.

Tabelle 2: Bedeutsamkeit der Lebensbelastungen
von *0* = nicht vorhanden bis *3* = sehr bedeutsam innerhalb der letzten sechs Monate nach Kindern und Jugendlichen getrennt

Altersstufe	Gesunde Stichprobe		Klinische Stichprobe		p*
	M	*SD*	M	*SD*	
Kinder (N = 34)	0,1	*0,24*	1,7	*1,26*	≤.001
Jugendliche (N = 46)	0,4	*1,03*	1,9	*1,03*	≤.001

*Auf Fünf-Prozent-Signifikanzniveau zweiseitig; Mann-Whitney-Test; M = Mittelwert; SD = Standardabweichung

Fazit

Insgesamt zeigte sich ein valide erfasstes Ausprägungsmuster der intrapsychischen, zeitlich überdauernden und entwicklungshemmenden Konflikte bei gesunden und klinisch auffälligen Kindern und Jugendlichen. Zwischen gesunden und klinisch auffälligen Kindern und Jugendlichen zeigten sich statistisch relevante Unterschiede hinsichtlich der Konflikttypen sowie ihrer Bedeutsamkeit. Die symptomverursachenden intrapsychischen Konflikte der klinisch auffälligen Teilstichprobe haben eine fünffach erhöhte Bedeutsamkeit gegenüber der gesunden Teilstichprobe. Es konnte gezeigt werden, dass auch bei gesunden Kindern der Unterwerfung-versus-Kontrolle-Konflikt sowie bei gesunden Jugendlichen der Selbstversorgen-versus-Versorgtwerden-Konflikt im Sinne der OPD-KJ-2-Ankerbeispiele schwach vorhanden war, jedoch keine bedeutsame Symptomatik hervorrief.

Die vorliegenden vergleichenden Ergebnisse zur Achse Konflikt sind die ersten ihrer Art und wurden an einer eher kleinen Stichprobe erhoben. Trotz dieser Einschränkung kann man die Ergebnisse so interpretieren, dass besonders eine erhöhte Bedeutsamkeit der Lebensbelastung (achtfach erhöht) und eine schlechtere Integration der psychischen Struktur (geringes Integrationsniveau) eine krankheitswertige, maladaptive Konfliktverarbeitung und somit auch die Genese von klinisch bedeutsamen Symptomen begünstigen können. Diese Ergebnisse stützen bisherige Forschungsergebnisse zu Schutz- und Risikofaktoren sowie normativer und nicht-normativer Lebensereignisse (vgl. Scheithauer u. Petermann, 1999) und liefern wichtige Implikationen für die praktische Arbeit im Bereich der Beratung, Prävention und psychotherapeutischen Behandlung.

Langzeitfälle bei Kindern unter Berücksichtigung der OPD-KJ-2-Konfliktachse

An drei analytischen Langzeitbehandlungen wird dargestellt, wie die Einbeziehung der Konfliktachse OPD-KJ-2 die Diagnostik und den therapeutischen Prozess bei Kindern hilfreich unterstützt. Die Falldarstellungen zeigen die jeweils individuelle »Handschrift« der Therapeuten sowohl in der Diagnostik als auch in der Behandlung – und das ist auch von uns so intendiert, um die Reichhaltigkeit der unterschiedlichen Vorgehensweisen zu verdeutlichen.

Die Frage, wie man den Konfliktfokus findet, wird erläutert, wobei deutlich wird, dass verschiedene Quellen aus den diagnostischen Erstgesprächen zur Bildung eines Konfliktfokus als Beleg herangezogen werden. Dieser Konfliktfokus ist handlungsleitend für die weitere Therapie und spielt auch in der begleitenden Elternarbeit eine Rolle. Es wird illustriert, dass sich im Laufe der Therapie oft noch ein weiteres entwicklungsbehinderndes Thema zeigt, besonders deutlich am Fall Mira. Dieses Phänomen, dass in der laufenden Behandlung nach einer Weile ein zweiter wichtiger intrapsychischer, entwicklungshemmender Konflikt auftaucht und bearbeitet wird, wird im nächsten Kapitel anhand der Langzeitbehandlungen mit Jugendlichen noch deutlicher.

Marie, fünf Jahre: Nähe-versus-Distanz-Konflikt, aktiver Modus

Die fünfjährige Marie wird vorgestellt, da sie seit einiger Zeit zu Hause und im Kindergarten extrem unruhiges Verhalten zeigt und die Adoptiveltern sich nun Gedanken um die bevorstehende Einschulung machen. Die nicht mehr jungen, aber wie Studenten wirkenden Eltern, beide Akademiker und in Vollzeit berufstätig, berichten in sachlich reflektierter Weise, Marie habe »eine gute Bindung« zu ihnen aufgebaut, obwohl sie die vierte Pflegestelle in ihrem kurzen Leben seien. Marie sei immer sehr selbstständig und sehr angepasst gewesen. Eine Trennungsempfindlichkeit hätten sie bei Marie nicht bemerkt, die Aufnahme in ihre Familie sei ohne Schwierigkeiten über einen Zeitraum von mehreren Wochen erfolgt, Marie habe allerdings sehr an der Bereitschaftspflegemutter gehangen und umgekehrt diese auch extrem an Marie, habe sie kaum loslassen können. Marie habe sich schnell eingewöhnt und habe ohne Probleme bald ganztags den Kindergarten besuchen können. Auffallend sei allerdings, dass Marie zu Hause immer »Liebkind« sein wolle, keinerlei Kritik vertrage und immer zeige, was sie alles schon könne. Sie spiele viel allein, für Verabredungen mit anderen Kindern fehle auch die Zeit. Im Kindergarten falle sie seit Kurzem durch aggressives Verhalten auf. Sobald sie am Nachmittag zu Hause sei, wolle sie dann eine Windel tragen, obwohl sie schon lange sauber sei. Auch auf den Schnuller könne Marie noch nicht verzichten, stecke ihn sich sofort in den Mund. Körperliche Nähe lasse sie kaum zu, wenn überhaupt, kuschele sie mit dem Vater, der auch die Anbahnung übernommen habe und die ersten Monate nach der Übernahme mehr zu Hause gewesen sei. Die Mutter äußert, sie selbst sei »eine akzeptierte Person«. Anfangs habe sie sich sehr schwer im Kontakt mit dem kleinen, ihr sehr fremden Mädchen getan, erst seit Kurzem empfinde sie etwas mehr Nähe.

In den *Erstgesprächen* vermittelt sich nicht das Bild einer Familie, mehr das von drei Einzelkämpfern, die wohlwollend auf einer oberflächlichen Ebene zusammenleben und miteinander kommunizieren. Die Atmosphäre in den Erstgesprächen bleibt »intellektuell professionell«, Bagatellisierung und Abwehr der Eltern sind deutlich zu spüren und die Therapeutin erschrickt, als die Eltern am Ende eines Gespräches sagen, Marie habe eine »gesunde Einstellung zu ihrer Biografie«. Es scheint, als ob Marie »eingefroren wachsam« und angepasst sein müsse, um Bindung aufrechtzuerhalten.

Zur *biografischen Situation* ist zu erfahren, dass Maries leibliche, drogenabhängige Mutter zur Zeit der Geburt wegen Beschaffungskriminalität inhaftiert worden war, so dass Marie im Gefängniskrankenhaus zur Welt kam. Nach Aussagen des Jugendamtes sei sie ein »Wunschkind« gewesen, um die Beziehung der Eltern zu stabilisieren. Im Bemühen, dem Ungeborenen keinen Schaden zuzufügen, habe die Mutter während der Schwangerschaft einen kalten Entzug gemacht, so dass Marie nach der Geburt keinen Entzug erlitten habe. Die ersten zwei Wochen versorgte die Mutter im Krankenhaus den Säugling, danach kam Marie für drei Monate bis zur Entlassung der Mutter aus der Haft in eine Bereitschaftspflege. Die nächsten acht Monate lebte Marie bei ihrer Mutter, unterstützt durch regelmäßige Besuche einer ambulanten Familienhelferin, die sich in den Jugendamtsakten kritisch zur Bindungsqualität zwischen Mutter und Baby äußerte. Der Vater habe die Beziehung beendet und sei untergetaucht. Als die Mutter rückfällig wurde und einen Zusammenbruch erlitt, wurde Marie kurz vor ihrem ersten Geburtstag notfallmäßig durch die Polizei in verwahrlostem Zustand in eine weitere Bereitschaftspflegefamilie vermittelt. Dort blieb sie zehn Monate, schrie anfangs viele Stunden und leckte die Wände ab. Mit der Zeit band sie sich dann aber innig an die sehr warmherzige Bereitschaftspflegemutter. Ab dem 18. Lebensmonat wurde der Übergang zur jetzigen Adoptivfamilie angebahnt. Die ersten Wochen seien schwierig gewesen, das Zubettgehen sei immer im Kampf geendet. Inzwischen habe man funktionierende Rituale entwickelt, Maries gewünschte Unabhängigkeit sei sehr entlastend. Die Eltern berichten noch, dass Marie nie ernsthaft krank sei und bei kleineren Infekten darauf bestehe, in den Kindergarten zu gehen.

Zur *Biografie der Eltern* ist wenig zu erfahren. Mit ihrer Infertilität setzen sich die Eltern intellektuell auseinander, bedauern, dass der Kinderwunsch zu spät auftauchte bzw. in vorherigen Beziehungen nicht thematisiert wurde. Beide haben belastete Kindheiten, die durch Lieblosigkeit und Vernachlässigung geprägt sind. Kontakt zu den Primärfamilien der Eltern besteht nicht, so dass eine Unterstützung durch Großeltern nicht in Frage kommt. Die Therapeutin erhält nur spärlich Informationen und es zeigt sich, dass ein affektiver Kontakt auch zwischen Therapeutin und Eltern nicht entstehen darf, da ein solcher Raum Platz für schmerzliche Erinnerungen öffnen würde. In den Gesprächen erlebt sich die Therapeutin als äußerst behutsam bzw. gebremst.

Erster Kontakt mit Marie: Marie ist ein großgewachsenes, kräftiges Mädchen mit wildem, langem, etwas zerzaustem Haar. In der ersten Sitzung stürmt sie in die Praxis und will sofort spielen. Die Therapeutin hat Mühe, sich ihr vorzustellen und zu fragen, ob sie wisse, warum sie hier sei. Marie erklärt, ihre Mutter sei für ein paar Tage verreist, das sei aber egal. Danach nimmt sie keine Notiz mehr von der Therapeutin, beschäftigt sich zunächst mit einem Parkhaus, entdeckt dann die Monsterpuppen, kocht sie auf dem Herd. Getrieben und wahllos greift sie im weiteren Verlauf zu Spielmaterial, fragt laut nach der Bedeutung, ohne eine Antwort abzuwarten. Als die Therapeutin das Stundenende ankündigt, beendet sie ihr Spiel abrupt, läuft in die Diele, geht ohne Abschied. Ein Blickkontakt hat nicht stattgefunden; mit gesenktem Kopf, ihr Gesicht hinter ihren Haaren verbergend rennt sie aus dem Haus. Als Resonanz bleibt bei der Therapeutin Langeweile, Teilnahmslosigkeit und Desinteresse. Auch in den weiteren Sitzungen, in denen Marie ausschließlich zu Regelspielen greift oder kurz verschiedene Spielsachen aufnimmt, um sie wieder wegzulegen, bevor sich die Therapeutin beteiligen kann, entsteht nur vordergründiger, »höflicher« Kontakt. Alles bleibt flüchtig, Marie hinterlässt keine Erinnerung bei der Therapeutin, findet keinen Platz in ihrem Inneren. Der Therapeutin gefällt der Gedanke, dass möglicherweise nur diagnostische Termine stattfinden, die Eltern sich auf eine Langzeittherapie nicht einlassen wollen, auch weil sie ahnt, dass viel Abgründiges hinter der funktionierenden Fassade lauert. Dennoch hält die Therapeutin eine analytische Langzeittherapie für indiziert und schlägt diese vor.

Psychodynamisch ist anzunehmen, dass Marie als »Wunschkind« die Beziehung der drogenabhängigen Eltern stabilisieren und ihrem Leben Sinn geben sollte. Im Mutterleib ist sie den extrem wechselnden psychischen und körperlichen Zuständen der Mutter ausgeliefert. Prognostisch positiv kann sich eventuell auswirken, dass Marie keine durchgehende Ablehnung, vielmehr den Versuch von Fürsorge erlebt hat. Die drogenkranke Mutter wird aufgrund ihrer Struktur und im Umfeld eines Gefängnisses nicht ausreichend als Sicherheit bietendes, containendes Objekt zur Verfügung gestanden haben. Die ersten Lebensmonate sind von Trennung und Verlust gekennzeichnet, so dass die Installierung eines verlässlichen Objektes und eines damit in Zusammenhang stehenden Urvertrauens sehr beeinträchtigt wird. Ein Bindungskontinuum kann aufgrund der mangelnden inneren Präsenz der Mutter nicht aufgebaut werden. Hinzu kommt, dass Marie in den Monaten, in denen sie erneut bei der leiblichen Mutter lebt, neben der sicherlich nicht ausreichenden emotionalen Versorgung auch körperlich in einen verwahrlosten und bedrohlichen Zustand gerät. Im Alter von einem Jahr, in dem Explorationslust und Separation vor dem Hintergrund eines verankerten inneren Objektes entstehen kann, muss sich Marie erneut an eine Pflegemutter anpassen. Das Ablecken der Wände deutet auf ihre unaushaltbaren Affekte, ihre Orientierungslosigkeit und ihre Suche nach einem Objekt hin. In der zweiten Bereitschaftspflegefamilie scheint aber eine Verbindung zwischen Marie und der Pflegemutter zu gelingen. Aus dieser Beziehung, verbunden mit Maries kognitiver Kapazität, resultieren ihre Ressourcen. Die erneute Trennung gegen Ende des zweiten Lebensjahres und der nochmalige Verlust der Bezugsperson müssen von ihr als fast vernichtend erlebt worden sein. Ihre auffällige Trennungsunempfindlichkeit und ihre Überangepasstheit sind als innere Überlebensstrategien zu verstehen. Anstelle von empfundener Selbstwirksamkeit erlebt sie, dass über sie verfügt wird und sie sich immer wieder erneut angleichen muss. Möglicherweise verarbeitet sie dies schuldhaft, passt sich unter Verzicht auf altersentsprechende, entwicklungsfördernde aggressive Impulse an, die dann aber explosionsartig und unvorhergesehen auftauchen. Vor diesem Hintergrund kann man auch ihr regressives Verhalten verstehen, das sich im Tragen von Windeln und Schnullern zeigt. Ein weiterer Aspekt ist, dass sie damit innerlich an die Zeit bei ihrer zweiten Bereitschaftspflegemutter anknüpft. Die Pflegeeltern sind aufgrund ihrer eigenen Biografie wenig in der Lage, die inneren Zustände des Kindes zu verstehen und in sich aufzunehmen. Sie sind dankbar für das bis jetzt »gut funktionierende« Kind, das sie wenig fordert. Marie erlebt Eltern, die selbst emotional bedürftig sind, schnelle Befriedigung organisieren, negative Affekte aber nicht aushalten und nicht integrieren können.

Diagnostisch handelt es sich um eine reaktive Bindungsstörung des Kindesalters (ICD-10: F94.1) bei mittlerem Strukturniveau auf dem Hintergrund instabiler Objektbeziehungen und traumatischer Verlusterlebnisse in der allerersten Lebenszeit.

Die *OPD-KJ-2* lässt einen Nähe-versus-Distanz-Konflikt erkennen und bestätigt die Einordnung nach ICD-10. Die im aktiven Modus beschriebenen Merkmale dieses frühen Konflikts sind durchgängig bei Marie zu finden. Es zeigt sich eine übersteigerte emotionale Unabhängigkeit, Ablehnung von Nähe und Körperkontakt, auffallende Selbstständigkeit, Unempfindlichkeit Trennungen gegenüber, mangelndes Körpergefühl, verbunden mit dem inneren Verbot, krank zu sein, Ablehnung von Hilfsbedürftigkeit und in der Gegenübertragung Langeweile und mangelnde Besetzung.

Während die Eltern noch darüber nachdenken, ob sie auf den Vorschlag der Therapeutin eingehen wollen, beschädigt Marie bei einer Einladung bei Freunden in einem unbeaufsichtigten Augenblick ein wertvolles Mobiliar. Als die Therapeutin den Eltern den Zusammenhang zwischen Maries Gefühl des Nichtgesehenwerdens, des Kontaktabbruches und ihrer destruktiven Handlung verdeutlicht, nehmen sie erleichtert das Therapieangebot an.

Als zentrale *Behandlungsziele* werden die Bearbeitung der Trennungserfahrungen und die damit verbundene Überanpassung – die einer gesunden Entwicklung und Identitätsbildung im Wege steht – gesehen. Die Sehnsucht nach verschmelzender Nähe und die Einhaltung notwendiger Distanz und Autonomie müssen in eine Balance kommen. Als behandlungstechnisch schwierig vermutet die Therapeutin, dass sich das kleine Mädchen im Zuge der sich verringernden Abwehr eng an sie binden könnte, so dass die Mutter oder auch der Vater möglicherweise stark rivalisierend reagieren würden. Um genügend Raum für unbewusstes Material und ausreichend Regression zu gewährleisten, wird die zuerst mit einer Stunde in der Woche begonnene Behandlung nach wenigen Wochen auf eine zweistündige Frequenz erhöht. Zusätzlich finden regelmäßig Gespräche mit den Eltern statt.

Der *Behandlungsbeginn* ist durch eine auffallende Fehlleistung der Therapeutin gekennzeichnet, die das Konfliktthema auch in der Gegenübertragung aufnimmt: Alle Langzeitpatienten bekommen bei Aufnahme der Therapie eine eigene Kiste, in der sie persönliche Gegenstände, in der Therapie Gemaltes, Gebasteltes oder Geschriebenes aufbewahren können. Symptomatisch ist, dass die Therapeutin über einen langen Zeitraum vergisst, Marie eine solche Kiste zur Verfügung zu stellen. Als dies endlich geschieht, reagiert Marie freudig überrascht und ungläubig. In jeder nachfolgenden Sitzung überprüft sie ihre Kiste, versichert sich, dass sie noch am gleichen

Platz im Regal steht. Ihre Kiste unterscheidet sich im Design von den anderen Kartons, Marie kennzeichnet sie aber nicht zusätzlich und sie bleibt leer. In den Sitzungen dominieren jetzt Regelspiele, die Kontakt zwischen Therapeutin und Kind verhindern. Die Therapeutin fühlt sich auf Distanz gehalten und langweilt sich, gleichzeitig ist sie stets auf der Hut, da sie damit rechnet, dass auch die aggressiven und bedrohlichen Anteile in die Beziehung kommen.

Im *Therapieverlauf* zeigt Marie in ihrem Spiel zunächst aggressive Impulse. So köpft sie plötzlich einen Holzvogel, reagiert extrem verachtend, wenn sie durch Schummeln bei einem Spiel gewinnt, überfährt im Parkhaus alle Menschen oder tötet alle Playmobilkinder. Die Therapeutin darf keine Hilfe anbieten und ihre Figürchen haben im Spiel keine Überlebenschance. Unverarbeitetes und ihre Bedürftigkeit werden deutlich, als sie mit der Therapeutin Müll bastelt, den die Tiere fressen müssen, während sie mit ihr das Eichhörnchenbrettspiel »Nimmersatt« spielt. Im Sceno-Test legt sie das Baby und den Hund einsam auf eine Decke, es gibt keine Mutterfigur, ein Kind sitzt vor dem Fernseher, alle Personen sind abgewandt. Schon in der ersten Therapiephase zeigt sich in den Spielszenen, wie sehr sich Marie einerseits nach Nähe und Versorgung sehnt und wie sie sich andererseits vor den bedrohlichen Objekten fürchtet. Wenn die Therapeutin in den Sitzungen über Marie nachdenkt und ihre Gedanken ausspricht, reagiert diese unvorhergesehen aggressiv.

Über viele Wochen sind Therapeutin und Kind Puppenmütter, die in einem Wohnmobil wohnen. Marie richtet liebevoll ihre Ecke ein, um dann den Puppenkindern Monster, den Alien oder die Spinne als Kuscheltiere in den Arm zu legen. Auch zu Weihnachten bekommen die Kinder nur Gefährliches. Die Gefühle der Therapeutin wechseln zwischen Entsetzen und starker Langeweile, so dass ihr bewusst wird, wie stark die eigene Abwehr mobilisiert wird.

Die *Gespräche mit den Eltern:* Die zunächst von Vorsicht und Scham geprägte Einstellung der Eltern verändert sich im Laufe der *ersten Behandlungsphase,* so dass beide dringlich eine Fortführung der Therapie wünschen. Ihre Intellektualität erleichtert ihnen die Reflexion und sie fühlen sich selbst von der Therapeutin ein Stück gehalten. So vereinbaren sie lange im Voraus die *Elternsitzungen,* in denen sie über sich nachzudenken beginnen, aber auch konkrete

Ratschläge zum Umgang mit Marie benötigen. Oft leistet die Therapeutin Übersetzungsarbeit, wenn die Eltern die Bedeutung von Maries Verhalten nicht verstehen. Sie brauchen Unterstützung, um den inneren Raum für ein Kind zu öffnen – wozu sie zwar grundsätzlich bereit, aber auch ängstlich sind, da sie dadurch mit eigenen schmerzlichen Erfahrungen in Kontakt kommen. Die Behandlung dauert an.

Abschließende Überlegungen mit OPD-KJ-2: In den anamnestischen Sitzungen wird nach OPD-KJ-2 zunächst ein Nähe-versus-Distanz-Konflikt sichtbar. Marie vermeidet Blickkontakt, bleibt unverbindlich im Kontakt und bezieht die Therapeutin nicht in ihr Spiel mit ein. Besonders deutlich ist der Konflikt aber in der Gegenübertragung spürbar: Die Therapeutin langweilt sich, erinnert sich zwischen den Stunden nicht an die kleine Patientin, eröffnet ihr nur verhalten einen inneren Zugang und entwickelt den Gedanken, dass die Familie lediglich eine Diagnostik benötige. Sie hält Marie selbst auf Abstand und schickt sie damit entsprechend ihrer Biografie auch weg.

Im Ansatz taucht punktuell auch ein Versorgungskonflikt auf, der am Ende der ersten Therapiephase deutlicher wird. Zu Anfang könnte das geschilderte Ablecken der Wände, Maries hohe Anpassung beim Wechsel der Bezugsfamilie, ihr inneres Verbot, krank sein zu dürfen, und das verzögerte Bereitstellen einer persönlichen Kiste für Marie durch die Therapeutin auf diesen weiteren Konflikt hindeuten, der sich in der therapeutischen Beziehung aktualisiert. Auch die Therapeutin lässt Marie zunächst unversorgt.

Im weiteren Therapieverlauf, in dem der Nähe-versus-Distanz-Konflikt in die Bearbeitung kommt und in den Stunden zunehmend eine warme und dichte Atmosphäre spürbar wird, brechen eindeutige Wünsche nach Versorgtwerden durch, so dass sich der Fokus nach und nach auf einen Versorgungskonflikt zentriert. Die Tiere bekommen Unverdauliches zu fressen, Marie selbst sammelt im Spiel »Nimmersatt« Tannenzapfen. Sie beginnt den eigenen Körper mit seinen Bedürfnissen mehr wahrzunehmen und benutzt ab diesem Zeitpunkt häufig die Toilette mit anschließendem Händewaschen und genüsslichem Eincremen der Hände. Sie bittet die Therapeutin, für das Puppenhaus eine Decke zu stricken, damit das Baby

»kuscheliger« in seinem Bettchen liegen könne. Auch die Eltern spüren zunehmend Versorgungswünsche und entscheiden sich für die Beantragung einer Langzeittherapie mit »vielen Elternstunden«.

Greta, sieben Jahre: Unterwerfung-versus-Kontrolle-Konflikt, aktiver Modus

Auch bei diesem Fallbeispiel handelt es sich um ein Adoptivkind. Greta lebte die ersten beiden Lebensjahre bei ihrer bereits in der Schwangerschaft von Alkohol und Drogen abhängigen, leiblichen Mutter und wurde aufgrund starker Vernachlässigung notfallmäßig und ohne Vorbereitung kurz nach ihrem zweiten Geburtstag für vier Monate in eine Bereitschaftspflegefamilie vermittelt. Gretas Vater war aufgrund häufiger Partnerwechsel der Mutter unbekannt. In der Bereitschaftspflegefamilie verhielt sich Greta auffällig, verkroch sich stundenlang unter dem Tisch oder bekam lange andauernde Schrei-anfälle, ohne dass man sie beruhigen konnte. Im Alter von zweiein-halb Jahren kam sie in ihre jetzige Adoptivfamilie.

Zum *Erstkontakt* erscheinen die unangemessen fröhlichen Eltern, die berichten, Greta sei ein pfiffiges Kind, das immer geliebt worden sei, jetzt aber durch ihre Trödelei Probleme mache und generell Regeln schlecht akzeptiere. Der Tag beginne schon beim Aufstehen mit Kampf, da sich Greta weder die Zähne putzen noch anziehen wolle, und setze sich mit erbitterten Auseinandersetzungen bei den Hausaufgaben fort. In der Schule komme es zu massiven Schwierig-keiten, da Greta ständig störe und sich mit den anderen Kindern nicht vertrage. Sie habe nie Freundinnen gehabt, bereits im Kin-dergarten seien viele Schwierigkeiten bezüglich ihres Sozialverhal-tens aufgetreten. Sie zeige ein ungezügeltes Essverhalten und sei oft distanzlos.

Die knapp siebenjährige und körperlich altersentsprechend ent-wickelte Greta wirkt trotz ihres etwas kräftigen Körperbaus zart. Mit ihren großen, weit aufgerissenen, verschreckt blickenden Augen, die tiefe Schatten haben, vermittelt sie einen verletzten Eindruck, der die Therapeutin anrührt. In der ersten Sitzung umarmt Greta die Therapeutin schon an der Tür, was diese als übergriffig empfindet, und stürmt dann in das Therapiezimmer, in dem sie unverzüglich und wahllos Spielmaterial aufnimmt. Sie dominiert die Situation, indem sie dabei Geschichten erzählt und laut singt, so dass ihre Angst schnell spürbar wird. In einem Atemzug erzählt sie, dass sie ein Adoptivkind und ein sehr fröhliches Kind sei. Ihre echte Mutter habe ihr nichts zu essen gegeben und Drogen genommen. Sie wirkt sehr wach und intelligent, verfügt über einen reichen Wortschatz. Ihr Wunsch nach Identifikation wird spürbar, als sie ein gemeinsames Bild mit der Therapeutin malen will, dann aber grenzverletzend in deren Bild hineinmalt. Intuitiv hatte diese nur ein halbes Bild gemalt, so dass Greta die andere Hälfte des Blattes ergänzen konnte. In allen anamnestischen Sitzungen verstärkt sich der Eindruck, dass Greta bei den Adoptiveltern die Rolle eines sonnigen, fröhlichen Kindes spielt, was jetzt mit zunehmenden Anforderungen in der Schule nicht mehr aufrechterhalten werden kann.

In ihren Rollenspielen während der diagnostischen Sitzungen handelt es sich zunächst um normale Alltagsszenen, die dann aber plötzlich kippen, so dass bei der Therapeutin Gefühle von Bedrohung, Verfolgung, Angst und Ohnmacht dominieren. Greta zeigt dann Wiedergutmachungstendenzen, die aber wie aufgesetzt und angelernt wirken und nicht beständig sind. Die Stunden sind anstrengend, da Greta die Therapeutin kontrollierend in Beschlag hält, ihr bleibt kein eigener Raum zum Denken oder Fühlen. Entsprechend tauchen thematisch immer wieder Mutterfiguren auf, die gut oder böse, krank oder tot sind. Greta versteckt sich und darf mal gefunden (Wunsch nach Nähe) oder nicht gefunden werden (tödliche Bedrohung). In der Gegenübertragung fühlt sich die Therapeutin als leibliche Mutter, die heimlich ein enges Bündnis mit Greta eingeht. Korrespondierend dazu, kann sich Greta am Ende der Stunde nicht trennen. Sie äußert, dass sie ihr ganzes Leben bei der Therapeutin bleiben will.

Über ihre eigene Kindheit berichten die Eltern in flottem, manchmal ironischem Ton, der die Therapeutin betroffen macht. Beide Eltern idealisieren ihre Kindheit, alles Schmerzhafte wird durch Verleugnung abgewehrt. Selbst in strenger und liebloser Atmosphäre aufgewachsen, scheinen sie sich einig darin, ihr Leben fröhlich und frei von Problemen zu gestalten. Es existiert keine Kultur der Reflexion, vielmehr wird auftauchenden Konflikten mit Organisation und Aktionismus begegnet. In ihrer Hilflosigkeit und in ihrer unbe-

wussten Identifikation mit den eigenen Elternimages führt das zum
Aufstellen rigider Regeln, gegen die Greta trotzig rebelliert.

Psychodynamisch ist davon auszugehen, dass Greta möglicherweise ausgetragen wurde, um Bindungswünsche der selbst hoch-
bedürftigen Mutter zu erfüllen. Dafür spricht, dass die Mutter zwei
Jahre lang versucht hat, sich selbst um das Kind zu kümmern, die
Situation dekompensierte, als Greta mit zwei Jahren erste Ablösungs-
tendenzen zeigte. Greta hat vermutlich ein unberechenbares, sowohl
in der äußerlichen Versorgung als auch affektiv nicht einschätzbares
mütterliches Objekt erlebt, das aufgrund der eigenen Struktur nicht
ausreichend die Bedürfnisse des Kindes wahrnehmen und containen
konnte. Greta wird von Beginn an ihre inneren Objekte in »gut« und
»böse« aufgespalten haben, da die Mutter-Kind-Beziehung bereits
in der frühen Versorgung entgleiste und von existenziell erlebten
Trennungen bedroht war. Denkbar ist, dass Greta Verlust und Ver-
sagungen der Mutter als Reaktion auf eigene, vor allem negative
Impulse erlebt hat. Eine helfende väterliche Figur hat gefehlt, so dass
ein Teufelskreis entstanden ist, dem Greta in der Adoptivfamilie
durch oberflächliche Anpassung und übergriffige Kontrolle, um die
Objekte zu besetzen, begegnet. Sie trifft auf unreife Adoptiveltern,
die durch die Aufnahme und das Aufwachsenlassen eines gesunden,
glücklichen Kindes eigene Wunden heilen und emotionale Schmer-
zen abwehren wollen. So erlebt Greta erneut Elternfiguren, die aufgrund der eigenen Abwehr innere Konflikte nicht aufnehmen und
entgiften, sondern abwechselnd und für das Kind nicht einschätzbar
entweder mit strukturloser Nachlässigkeit oder mit rigiden Regeln
reagieren, die Greta dann als massive Bedrohung erlebt. Insbesondere die Adoptivmutter erlebt sich in doppelter Hinsicht als versa-
gend: in Identifizierung mit Greta als Schülerin und als ungenügend
erziehende, defizitäre Mutter, so dass sie Greta nicht Halt gebend zur
Verfügung steht. Bis heute versucht sie, die »brave Tochter« zu sein,
die als Hoffnungsträger den Wünschen ihrer Eltern entspricht. Abge-
lehnte Selbstanteile findet sie in ihrer kleinen Tochter und bekämpft
sie dort mit Strenge und Ablehnung. Zur eigenen Stabilisierung
wird Gretas Bindung an die leibliche Mutter oberflächlich akzeptiert,
unbewusst aber abgelehnt und entwertet. Gretas Entwicklung ist
extrem gefährdet, da sie bedingt durch eigene Impulsivität immer

wieder Objektverlust befürchtet, was zu einem von Machtkämpfen geprägten Beziehungsverhalten führt. Im Laufe des therapeutischen Prozesses verdeutlicht sich, dass in der Familie häufig eine Rollenumkehr stattfand und Greta, wie zuvor bei ihrer leiblichen Mutter, von der Adoptivmutter parentifiziert wurde.

Die *Diagnose* Bindungsstörung mit Enthemmung (ICD-10: F94.2) mit einer Borderline-Entwicklungsstörung bestätigt sich auf der Konfliktachse der OPD-KJ-2. Der Konflikt Unterwerfung versus Kontrolle zeigt sich in allen Bereichen und in den Leitaffekten, wobei der aktive Modus dominierend ist. Auf der Strukturachse bildet sich ein gering integriertes Strukturniveau ab. Als Behandlung wurde eine zweistündige analytische Langzeittherapie vorgeschlagen, die dann insgesamt 180 Stunden umfasste.

Was den *Therapieverlauf* angeht, waren die Sitzungen in den ersten einhalb Jahren von rohem, schnell aufeinanderfolgendem Material angefüllt, was einerseits der psychischen Verfassung von Greta entsprach und ihrer Entladung und Entlastung diente, gleichzeitig aber auch den Kontakt zwischen Therapeutin und Kind vermeiden half. Allein an der Eingangsszene und ihrer Veränderung könnte der ganze Behandlungsprozess beschrieben werden. In den ersten Therapiemonaten und in Zusammenhang mit hochkommendem, völlig unverdautem unbewusstem Material wurde die Therapeutin schon an der Türe angeschrien. Greta wollte nicht mehr kommen, klammerte sich an die Eltern, schlug um sich und spuckte. Es gab unerträgliche und sich steigernde Szenen, wenn Greta mit dem Aufzug in die oberen Stockwerke fuhr, durch ihr Geschrei Mieter ins Treppenhaus lockte, während die Therapeutin an der offenen Praxistüre stand. Diese verbalisierte ihre Verzweiflung, ihre Angst und ihre Ohnmacht und dass sich beide verabredet hätten, um ihr zu helfen. Greta blieb jede Stunde, um dann vor der nächsten Sitzung wieder panisch zu reagieren. In den Stunden spielte sie »Mutter und Kind« in allen Variationen, die Therapeutin war das Kind, das mit Gift zwangsgefüttert wurde. Greta war nicht in der Lage, Regeln zu befolgen, stellte Regeln selbst auf und veränderte sie fortwährend, beherrschte alles. Ihre sadistischen Introjekte zeigten sich, wenn aus der vermeintlich versorgenden Mutter plötzlich ein zerfleischender Jaguar wurde oder wenn sie im Spiel mit Playmobilwaldtieren

Rehe bei lebendigem Leib auf der Feuerstelle verbrennen ließ und der Therapeutin verbot, einen rettenden Gedanken zu entwickeln. Schwer zu ertragen war nach solchen Stunden die aufgesetzte und inadäquate Lustigkeit der Eltern beim Abholen, was die Therapeutin ohnmächtig und wütend machte und ihre Empathie für die Eltern über lange Zeit beeinträchtigte.

Als Greta erste Trennungsempfindlichkeit zeigte, konnte die Therapeutin ansprechen, dass sie vielleicht nicht abgegeben werden, sondern allein zu ihr kommen wole. Über viele Monate öffnete die Therapeutin dann die Türe und wartete im Therapiezimmer, bis Greta »als Geist« zu ihr kam, der zunächst die Atmosphäre begutachtete, bevor die Therapeutin ihn wahrnehmen durfte. Zentrales Spielthema war in dieser Phase ein Findelkind, das seine Mutter sucht und nicht weiß, wer die richtige Mutter ist, oder Mutter und Kind suchen sich und finden nicht zueinander. Am Ende der Stunde wünschte Greta sich einen »Abschied ohne Worte« an einer kleinen Klappe in der Praxistüre. Nach einer endlosen Szene, in der die Therapeutin abwechselnd als richtige und falsche Mutter Greta als Einhornkind suchen musste und sie sich am Ende auflöste und zu den Sternen aufstieg, sagte die Therapeutin am Stundenende, dass ihr das Herz so schwer sei. Daraufhin schrie Greta, sie wolle nur noch eine halbe Stunde kommen, bediente dann aber die Sprechanlage vor der Haustüre und fragte überraschend, wie es der Therapeutin gehe. Als diese antwortete, sie würde sich gut erholen können und wolle sie eine ganze Stunde bei sich haben, sagte Greta: »Ich habe dich so lieb, dass ich morgen wiederkommen möchte.«

In der Folgezeit begann sie sich langsam mit der Therapeutin zu identifizieren, manchmal waren beide zu ihrer Freude farblich ähnlich gekleidet. Im Mutter-Kind-Spiel überprüfte sie, ob die Milch der Mutter gut sei, dann war sie in der Lage, für kurze Zeit zu regredieren. Sie legte sich auf den Sitzsack, ließ sich zudecken und verlangte ein Babyfläschchen mit Wasser. In ihren Spielen nahmen Inkorporationsfantasien zunehmend Raum ein, sie aß die Therapeutin stückweise oder sie war ein Brötchen, das die Therapeutin verspeisen sollte. Mit ihrem Zugang zu ihrem inneren Befinden entdeckte sie, dass sie sich mit dem Lesen von Büchern insoweit beruhigen konnte, dass das bedrohliche Innere sich nicht über sie stülpte. Wenn die Eltern aus eigenem Kontaktbedürfnis ihr das Lesen einschränkten, empfand sie diese »als Misshandler«. Es existierte kein sicherer Ort mehr für sie, so dass sie mehrfach in Panik weglief. Greta selbst bat dann die Eltern, die Therapeutin um Hilfe und schnelle Krisengespräche. In einer eindrücklichen Szene, die an die frühe Deprivation erinnerte, spielte Greta, dass ein Baby Urin weint.

Gegen *Ende der ersten Therapiephase* war Greta in der Lage, allein durch die Haustüre zu kommen und wurde nur noch am Ende der Stunde abgeholt. Häufig umarmte sie die Therapeutin dann kurz und ließ diese in den Elternstunden grüßen. Als sie an einem heftigen Infekt erkrankte und eine Sitzung nicht wahrnehmen konnte, bestand sie auf einem ausführlichen Telefonkontakt und konnte auf diese Weise die Fürsorge der Therapeutin annehmen.

Deutlich wurde, dass beide Eltern durch die Adoption eine »heilige Familie« gründen wollten als Wiedergutmachung ihrer eigenen Kindheit und das empfundene Misslingen jetzt voll Wut und Enttäuschung ihrer Tochter zuschrieben. Während es in der Familie nach wie vor zu heftigsten Auseinandersetzungen kam, denen die Eltern mit neu aufgestellten Regeln entgegenwirken wollten, was umso heftiger von Greta boykottiert wurde, zeigten sich in anderen Bereichen positive Entwicklungen. Greta sang in einem Kinderchor und trat in einen Turnverein ein; in beiden verhielt sie sich unauffällig und war gut integriert. In der Schule brachte sie aufgrund ihrer Ressourcen gute Leistungen. Eine vorübergehende Schreibblockade, die Eltern und Lehrer zur Verzweiflung gebracht hatte, verschwand gänzlich. Die Nachmittage verbrachte Greta neuerdings mit Kindern aus der Nachbarschaft, wobei sie sich auch in Gruppen von drei bis fünf Kindern zurechtfand.

Im weiteren Therapieverlauf zeigte sie sich realitätsbezogener und wurde nicht mehr ausschließlich von ihren inneren Impulsen überflutet. Neben Sitzungen, die von Ruhe gekennzeichnet waren und in denen Greta Brettspiele wählte, bei denen sie Regeln akzeptierte und auch verlieren konnte, kam es zu intensiven Sequenzen, in denen ihre innere Auseinandersetzung deutlich wurde. Im Behandlungsraum gab es eine kleine Fledermaus, die die Therapeutin eine Zeitlang vermisst hatte. In der ersten Stunde nach einer Ferientrennung baute Greta eine Höhle für beide, in der beide friedlich nebeneinander lagen. Sie fragte die Therapeutin dann, ob diese ein Tier vermisse, und erzählte, dass die kleine Fledermaus bei der Mutter Fledermaus bei ihr zu Hause sei. Sie konnten besprechen, wie groß ihr Kummer war, dass sie nicht bei ihrer leiblichen Mutter aufwachsen konnte und dass sie noch immer Mutter und Kind zusammenbringen wollte. Greta schlug dann vor, hin und wieder die große Fledermaus zur Therapeutin bzw. zur kleinen Fledermaus mitzubringen. In den nachfolgenden Sitzungen baute sie immer wieder Höhlen, in die sie sich verkroch, ließ sich die Babyflasche mit Wasser füllen und den Strahl so in den Mund laufen, dass man eine angezapfte Brust denken musste, die »von selbst geht«. Erstmalig nannte sie die Therapeutin »aus Versehen« Mama und fragte, wie diese eigentlich heiße: »Wir könnten uns nach so langer Zeit doch duzen« (was sie schon immer gemacht hatte). In einer Stunde verkroch sie sich unter dem Sitzsack mit den Worten, sie sei noch nicht geboren, und die Therapeutin (als Mutter) musste fühlen, wie das Kind lag. Als die Therapeutin ihr in diesem sehr dichten und vertraulichen Kontakt etwas über Babys im Bauch und Geburt erzählte, schlüpfte sie »wie neugeboren« unter dem Sitzsack hervor und fragte, ob die Therapeutin, wenn sie noch mal ein Kind bekäme, es nach ihr benennen würde. In einer anderen, sehr schmerzvollen Stunde spielte sie ein krankes Kind, das starb, dann zum Engel wurde und für die Mutter ein neues Kind holte. Beim Abschied sagte sie, das Kind sei nicht gestorben, es sei gerettet worden. Diese Regressionsphase interpretierte die Therapeutin als Betrauern ihrer Biografie, aber auch als hoffnungsvollen Neubeginn und emotionale Nachreifung.

Zu Hause testete Greta in dieser Zeit ihre Eltern in extremer Weise. Die Eltern, die die intensive Bindung Gretas zur Therapeutin spürten, reagierten mit Neid auf die positiven Veränderungen und »vergaßen« mehrfach hintereinander die von ihnen dringend gewünschten Elterntermine. Als Gretas provozierendes Verhalten sich in die Therapie übertrug und sie sich über mehrere Stunden getrieben und nicht ansprechbar wie in den Anfängen verhielt, rastete die Therapeutin zu ihrem eigenen Erstaunen aus. Sie schrie Greta an, sie sei es leid, so zu tun, als sei sie verrückt, das sei »Schnee von gestern«, und mit dieser plötzlichen Erkenntnis schrie sie noch hinterher, sie habe jetzt wohl ihre Wut, es sei verheerend, immer als »das kranke, unnormale Kind« angesehen zu werden. Greta reagierte mit mildem, etwas besorgtem Lächeln. Was denn mit ihr sei, so habe sie die Therapeutin noch nie erlebt, sie bringe ihr jetzt eine Babyflasche zur Beruhigung. In den anschließenden Wochen konnten sie immer wieder thematisieren, wie sehr Greta sich um Normalität bemühe und in welchen Situationen ihr altes Muster wieder greife und sie alle beherrschen wolle.

Greta probte im weiteren Verlauf bei der Therapeutin das Alleinsein, sich zurückziehen zu dürfen und autonom zu werden. Meistens brachte sie ein Buch mit und bat die Therapeutin, dass diese sich eine Weile allein beschäftige. Erst gegen Stundenende begann sie dann eine Unterhaltung oder holte ein Spiel. In Identifikation mit den Eltern hatte die Therapeutin zunächst Ausstoßungstendenzen, da sie sich so überflüssig fühlte und gar nicht wahrnahm, dass die Atmosphäre in den Stunden wohltuend war, dass sie allein sein konnte im Beisein der anderen.

In der *Therapieabschlussphase* wurde Gretas grundlegende Verlustangst aktualisiert, so dass sie suizidale Fantasien äußerte. Ihr beginnendes Selbstvertrauen verbunden mit ihrer zunehmenden Regressionsfähigkeit und der behutsamen Ablösungsbearbeitung führten dann dazu, dass sie sich nicht als »weggegeben«, sondern als angemessen wirkmächtig fühlte. Greta musste nicht mehr alles »in der Hand« haben, sondern konnte sich flexibler auf Beziehungen einlassen. Auch die Adoptiveltern hatten sich in ihrem Rahmen sehr auf den analytischen Prozess eingelassen, so fanden im letzten Jahr viele Elternsitzungen statt, in denen Raum zum Nachdenken entstand und auch mal geschwiegen werden konnte.

Erst in den letzten Monaten, in denen sie sich vermutlich auch von der Therapeutin verlassen fühlten, verfielen sie wieder phasenweise ins Agieren. Als sie zum Beispiel ihre Enttäuschung und ihren aufkommenden Hass spürten, äußerten sie, Greta unverzüglich in eine Jugendhilfeeinrichtung zu geben. Als die Therapeutin in der letzten Sitzung diesen Plan noch einmal ansprach und ihr Erschrecken darüber ausdrückte, beruhigten sie diese lächelnd: Sie hätten doch bei ihr gelernt, dass solche Gedankenspiele erlaubt seien und solche Fantasien Entlastung brächten, das sei kein realer Plan. Im weiteren Verlauf konnten sie dann darüber sprechen, dass sie Greta gedanklich lieber abgeben würden als zu erleben, dass sie sich mit einsetzender Pubertät von ihnen ablösen würde.

Abschließende Überlegungen mit OPD-KJ-2: In den anamnestischen Sitzungen mit Greta und ihren Eltern konzentrierte sich die geschilderte Symptomatik zunächst überwiegend auf den Konflikt Unterwerfung versus Kontrolle: In der Familie zeigte Greta sich durchgängig trotzig, begehrte bei alltäglichen Aufgaben und Pflichten wie Zähne putzen, sich ankleiden etc. ständig auf, verweigerte sich bei Hausaufgaben und inszenierte familiäre Eskalationen durch ihre Trödelei. Freundschaften zu anderen Kindern konnte Greta nicht eingehen, da sie alle Kinder machtvoll bestimmen wollte und zu keinem Kompromiss im Spiel fähig war. Die Einschulung mit den entsprechenden Leistungsanforderungen verschärfte die Symptomatik, da Greta gleichzeitig unter großen Versagensängsten litt, die mit den elterlichen Versagensängsten korrespondierten und es so zu immer heftigeren Auseinandersetzungen kam. Die bei diesem Konflikt in der OPD-KJ-2 geschilderte Vermischung der Eltern-Kind-Rolle zeigte sich deutlich. Die Eltern konnten aufgrund ihrer mangelnden Repräsentanzen ihre elterlichen grenzsetzenden und schützenden Funktionen nicht einnehmen, so dass Greta in eine Herrscherrolle gedrängt wurde, für die sie dann bestraft wurde.

Auch in dieser Behandlung kam es zu einer Verschiebung des Konflikts bzw. tauchte durch die Bearbeitung des zunächst vorherrschenden Konflikts der zugrunde liegende Versorgungskonflikt auf. Dieser Konflikt war zunächst mehr bei den Eltern zu spüren, die bedürftig und begierig wirkten und Versorgungsansprüche an Greta stellten. Ihre übermäßige Gier und Enttäuschung abwehrend, reagierten sie mit rigiden und fast willkürlich aufgestellten Regeln, gegen die sich Greta dann wieder auflehnte. Ein Teufelskreis entstand. Während der Therapie reduzierte sich der Konflikt Unterwerfung versus Kontrolle und es zeigten sich Gretas frühe Versorgungswünsche. Ihr Gefühl, einen Mangel erlitten zu haben, zeigte sich, wenn die Therapeutin stellvertretend mit giftiger Milch gefüttert oder die versorgende Mutter selbst zum fressenden Tier wurde. Greta konnte mit der Zeit Regressionswünsche zunehmend aushalten und sich von der Therapeutin versorgen lassen. Sie verlangte nach einem Babyfläschchen und genoss Inkorporationsfantasien. Flexibilität wurde erkennbar, als sie sich sowohl mit der Mutterfledermaus wie auch mit dem Fledermauskind identifizierte, also sowohl die Rolle der Versorgerin als auch die Rolle des zu versorgendes Kindes einnehmen konnte.

Mira, sechs Jahre: Konfliktverschiebung von Unterwerfung versus Kontrolle zum ödipalen Konflikt

Im Manualisierungskapitel der OPD-KJ-2 (Arbeitskreis OPD-KJ-2, 2013, S. 153) war die Fallvignette der damals sechsjährigen Mira als Beispiel für den Konflikt Unterwerfung versus Kontrolle im aktiven Modus dargestellt worden. In der laufenden Behandlung zeigte sich eine Konfliktverschiebung hin zum ödipalen Konflikt.

In der *ersten Phase der Therapie* stehen die Trennungsängste der Patientin und ihre ambivalente Beziehung zur Mutter im Vordergrund. Mira kontrolliert die Mutter, lässt sie »nicht aus den Augen« und bestimmt über deren Tagesablauf. Täglich gebe es tränenreiche Abschiedsszenen vor der Schule und gelegentlich müsse die Mutter ihre Tochter wieder mitnehmen. Miras Mutter fühlt sich eingeengt und bevormundet und schwankt zwischen Mitleid und Wut, was sich auf der Verhaltensebene in Form von gewähren lassen oder in Wutausbrüchen äußert, wenn Mira die Mutter einmal wieder an die Grenzen der physischen und psychischen Belastbarkeit gebracht hat. Auch mit dem Vater gerät Mira in heftige Auseinandersetzungen, wenn es um ganz alltägliche Verrichtungen geht, wie zum Beispiel Zimmer aufräumen oder Zähne putzen.

Diese Problematik zeigt sich in abgeschwächter Form auch in der Therapie. Miras Reaktionen beim Abschied von der Mutter scheinen völlig unberechenbar. Mal kommt sie fröhlich zur Stunde und die Trennung von der Mutter gestaltet sich problemlos, mal sitzt sie weinerlich und eng an die Mutter geschmiegt im Wartebereich, klagt über Bauchweh und Kopfschmerzen und eine Arbeit mit ihr allein ist unmöglich. Versucht die Mutter trotzdem zu gehen, beginnt Mira zu weinen und zu schreien und klammert sich an. In einer solchen Situation schlägt die Therapeutin vor, dass »die Mama mit ins Therapiezimmer« kommen könne, was Mutter und Tochter erstaunt, aber dankbar und erleichtert aufnehmen. Kurz darauf sitzen sie am

Tisch und kneten auf Vorschlag von Mira kleine Figuren. Die Mutter formt einen kleinen Schutzengel für ihre Tochter und kommentiert: »Der beschützt dich jetzt immer, wenn ich nicht da bin.« Mira erlebt dies als Beruhigung und »Verstandenwerden« und die Situation entspannt sich deutlich. Die Therapeutin schlägt vor, den Schutzengel im Behandlungszimmer stehen zu lassen, und akzeptiert damit die Mutter als »Dritte« in der Beziehung zu Mira.

Diese erprobt in den *folgenden Stunden,* was in der therapeutischen Beziehung noch möglich ist. Zunächst zeigt sie, was sie alles kann. Sie übt jonglieren, tanzt, malt und bastelt, schreibt, rechnet etc. Sie möchte gefallen und bewundert werden und die Therapeutin ist tatsächlich fasziniert von ihren intellektuellen und künstlerischen Fähigkeiten und ihrer blühenden Fantasie. Die Stunden entwickeln sich zu einem teils harmonisch-vertrauten, teils spielerisch-kämpferischem Miteinander. Zunehmend kommen, zunächst in der Gegenübertragung spürbare, neue libidinöse Seiten in die Beziehung. Mira strahlt die Therapeutin an, möchte nicht nur bewundert werden, sondern mit ihr tanzen, und es entwickelt sich eine neue Beziehungsqualität mit erotischen Zügen. Immer wieder testet sie, ob die Mutter es ertragen kann, wenn sie mit der Therapeutin eine innigere Beziehung eingeht, und selbst bei kleinen Irritationen treten die alten Ängste und Symptome wieder auf. Es ist ein mühsamer Prozess des Durcharbeitens.

In der Folge verändert sich nicht nur Miras Beziehung zur Mutter, sondern vor allem die Beziehung zum Vater verbessert sich deutlich, wird liebevoller und emotionaler. In einem Gespräch über Freundschaften vertraut sie der Therapeutin mit verschwörerischem Blick an, dass sie heute auch schon einen Kuss bekommen habe, und zwar von ihrem Papa.

In einem *Elterngespräch,* zu dem die Mutter allein kommt, thematisiert diese ihre Irritation über das veränderte Verhalten der Tochter, die eine innige Beziehung zum Vater entwickelt habe und ihre eigenen Gefühle von Eifersucht. Sie befürchte, die Tochter könne »schon in die Pubertät« kommen. Im Gespräch ist es möglich, den Behandlungsprozess mit Frau R. zu reflektieren und ihr zu erklären, dass bei Mira nun Gefühle erlebbar würden, die bisher hinter Ängsten, skurrilen Verhaltensweisen, Wutanfällen und körperlichen

Beschwerden versteckt gewesen seien bzw. aus Angst hätten abgewehrt werden müssen.

Wenige Wochen später, *am Ende der Therapie,* berichtet Frau R., dass Mira inzwischen keine »Marotten und Ängste« mehr habe. Sie sei fröhlicher, mutiger und durchsetzungsfähiger geworden, was sich sowohl in der Familie als auch im Kontakt zu ihren Freundinnen und in der Schule zeige.

Abschließende Überlegungen mit OPD-KJ-2: Zu Beginn der Behandlung zeigt sich bei der Patientin der Konflikt Unterwerfung versus Kontrolle. Sie klammert sich an die Mutter, kontrolliert sie auf Schritt und Tritt und ist nicht in der Lage, eine dritte Person zu akzeptieren, aus Angst, dann die Mutter zu verlieren. Selbst der Vater wird von ihr ausgegrenzt. Hintergrund ist die mangelnde Fähigkeit zur Objektkonstanz, also die Fähigkeit, sich der Beziehung zur Mutter sicher zu sein, auch wenn diese nicht anwesend ist. Im Verlauf der Behandlung werden Mira die Ängste bewusster und somit weniger bedrohlich. Ganz allmählich wagt sie – zuerst im geschützten Therapieraum und der Beziehung zur Therapeutin, zunehmend aber auch in den Alltagsbeziehungen –, neue Verhaltensweisen auszuprobieren, und erlebt, dass dies nicht nur ängstigend, sondern auch lustvoll sein kann. Die Beziehung zum Vater verändert sich. Sie erlebt den Vater nun als interessantes männliches Objekt und als vertrauensvollen Partner, der sowohl eine enge Beziehung zu ihr als auch zur Mutter hat. Der innere Konflikt verschiebt sich in Richtung ödipaler Konflikt, denn nun muss sie sich damit auseinandersetzen, dass die Mutter möglicherweise eifersüchtig wird. Mit Hilfe der verständnisvollen Eltern entwickelt sie zunehmend die Fähigkeit zur Triangulierung, so dass sie nun Vater und Mutter als primäres Liebesobjekt integrieren kann, ohne die frühere Angst, dann einen Elternteil zu verlieren. Ihr Interesse gilt nun mehr den Gleichaltrigen, der Schule und neuen Hobbys. Es kann davon ausgegangen werden, dass sie den anstehenden Entwicklungsschritt, den Übergang von der ödipalen Phase in die Latenzphase, bewältigt hat.

Langzeitfälle bei Jugendlichen unter Berücksichtigung der OPD-KJ-2-Konfliktachse

Wie beeinflusst das, was der Therapeut über den Konflikt und seinen Verarbeitungsmodus diagnostisch ermittelt hat, seine Therapieplanung? Der Konfliktfokus ist gefunden – wie arbeitet man therapeutisch damit? Wie sieht der weitere Therapieverlauf aus und welche Schwierigkeiten können sich einstellen? Es können sich auch Probleme beim Finden eines Konfliktfokus ergeben, unter anderem deshalb, weil mehrere gleich bedeutsame Konflikte vorzuliegen scheinen – ein Problem, das insbesondere bei Patienten mit komorbiden Störungen gehäuft vorkommt (Seiffge-Krenke, 2010). Hier stellt sich die Frage, auf welcher Ebene man den Patienten »annimmt«, das heißt mit welchem Konfliktfokus man die therapeutische Arbeit beginnt. Manchmal deckt aber auch eine laufende Behandlung ein Konfliktmuster auf, das so vorher, in der diagnostischen Phase, noch nicht erkennbar war. Wir haben bereits anhand der Langzeitbehandlungen von Kindern gesehen, dass im Laufe der Behandlung ein weiteres wichtiges Konfliktthema auftauchen kann. Die therapeutische Arbeit mit der Konfliktachse wird im Folgenden an Jugendlichenbehandlungen verdeutlicht. Dabei geht es verstärkt um die Frage, wie sich dieser Konflikt auch innerhalb der Beziehung zur Therapeutin zeigt und wie er bearbeitet werden kann. Des Weiteren wird herausgearbeitet, wie wichtig die Arbeit mit der Strukturachse ist und wie etwa die Selbst-Objekt-Differenzierung die Voraussetzung dafür ist, dass Konfliktthemen klarer sichtbar werden.

Esther, 17 Jahre: Schuldkonflikt, passiver Modus

Die 17-jährige Esther kommt zur Behandlung, weil sie seit zwei Jahren unter »komischen Stimmungen« leidet. Alles sei »so viel« und manchmal stelle sie sich vor, wie es sei, nicht mehr zu leben. Mit ihrer Mutter verstehe sie sich »schon lange nicht mehr«. Die Beziehung sei problematisch und konflikthaft. Manchmal hasse sie die Mutter, wage aber nicht, sich gegen deren Wutausbrüche und Entwertungen zu wehren, weil sie Angst habe, sich schuldig zu machen. Wenn sie sehr verzweifelt sei, verletze sie sich an den Armen und am Rücken, was sie aber nicht mehr machen wolle. Die Schule sei für sie eher eine Erholung. Sie komme sowohl mit den Leistungsanforderungen als auch den Gleichaltrigen und den Lehrern gut zurecht; lediglich vor einer Lehrerin, die sie permanent schlecht bewerte, habe sie Angst.

Zum *familiären Hintergrund* und aus der Lebens- und Familiengeschichte ist zu erfahren, dass sie Tochter eines südamerikanischen Filmemachers und einer arabischen Tänzerin ist. Sie hat einen drei Jahre jüngeren Bruder, mit dem sie sich gut versteht. Die Eltern trennten sich, als sie drei Jahre alt war. Weitere drei Jahre später erkrankte ihre Mutter an einer schweren Depression mit Panikattacken und Todesängsten. Sie habe sich immer verantwortlich gefühlt für die Mutter und den kleinen Bruder, um den sie sich während der Krankheit der Mutter und auch später immer liebevoll gekümmert habe.

Die Patientin ist eine ungewöhnlich hübsche, zartgliedrige Jugendliche, die die Therapeutin durch ihre gute sprachliche Ausdrucksweise und ihre Reflexions- und Introspektionsfähigkeit beeindruckt. Als hochgradig konflikthaft schildert sie die Beziehung zu ihrer Mutter. Diese sei je nach Stimmung gereizt-aggressiv oder ängstlich-jammernd und verhalte sich dann entsprechend willkürlich. Sie selbst versuche diese Situationen einfach auszuhalten, aber in ihr koche es oft vor Wut und manchmal hasse sie die Mutter. Mit dem Vater verstehe sie sich gut, aber sie wisse nie, ob sie sich wirklich auf ihn verlassen könne. Leitaffekte sind bereits in den diagnostischen Gesprächen eine tiefe Traurigkeit und das Gefühl, sich schuldig gemacht zu haben und immer noch zu machen. In der Therapeutin entstehen Gegenübertragungsgefühle von Mitleid und dem Bedürfnis, die Patientin von Schuld zu entlasten, ihr Mut zuzusprechen, aber auch von Hilflosigkeit und Gereiztheit.

Diagnostisch handelt es sich um eine innere Konfliktproblematik bei eher reifer Ich-Entwicklung auf dem Hintergrund einer adoleszenten Ablösungskrise bei belasteten familiären Beziehungen durch Trennung der Eltern und eine psychische Erkrankung der Mutter. Im Sinne der OPD-KJ-2 besteht ein Schuldkonflikt im passiven Modus.

Die Patientin ist beziehungs- und introspektionsfähig, bei einge-
schränktem bis gut integriertem Strukturniveau. Sie zeigt eine deutliche subjektive Beeinträchtigung durch psychische Beschwerden,
ist hochmotiviert an ihren Problemen zu arbeiten und verfügt über
ausreichende Ressourcen, so dass die Behandlungsvoraussetzungen
für eine psychoanalytische Therapie gegeben sind.

Am *Beginn der Therapie* steht zunächst die Frage im Vordergrund,
inwieweit sie nicht nur mit ihren liebevollen Seiten willkommen ist,
sondern auch mit den latent dahinter verborgenen aggressiven Seiten. Auch die Befürchtung, dass die Therapeutin sie ebenso schlecht
beurteilen oder verurteilen könne wie die Lehrerin oder so kritisch
sein könne wie die Mutter, deutet sich bereits im ersten Kontakt
an. Im *Verlauf der ersten Behandlungsphase* entwickelt sich aber ein
stabiles Arbeitsbündnis, innerhalb dessen diese Ängste bearbeitet
werden können. Der innere Konflikt zwischen dem Wunsch nach
Unabhängigkeit und der Angst, sich schuldig zu machen, spitzt sich
erneut zu, als der Vater, der zeitweise in einer anderen Stadt gelebt
hatte, zurückkommt. Der seit Jahren gehegte Wunsch, beim Vater
wohnen zu können und damit den Wutausbrüchen der Mutter zu
entgehen, rückt in greifbare Nähe. Diese zunächst nur in der Fantasie
durchgespielte Möglichkeit mobilisiert aber auch quälende Loyali-
täts- und Schuldgefühle gegenüber der Mutter und dem Bruder und
die Angst, sich an einem erneuten psychischen Zusammenbruch
der Mutter und dem schulischen Versagen des Bruders schuldig zu
machen. Um ihre aggressiven Gefühle überhaupt in der Therapie –
die im Sitzen durchgeführt wird – aussprechen zu können, bittet die
Patientin darum, ihren Sessel umdrehen zu dürfen. Dadurch vermeidet sie den Blickkontakt und schützt vermutlich die Therapeutin
vor ihren aggressiven Gefühlen bzw. umgekehrt sich selbst vor dem
fantasierten kritischen und verurteilenden Blick der Therapeutin.

Neben dem schlechten Gewissen und dem Gefühl der Schuld
zeigen sich in Bezug auf den nahenden Abschied auch andere ent-
wicklungstypische adoleszente Aspekte: »Ich habe das Gefühl, einen
Ballon von Traurigkeit im Bauch zu haben, der immer größer wird«,
sagt Esther in Bezug auf die Distanzierung von der Mutter und die
durch einen geplanten Auslandsaufenthalt bevorstehende Trennung
von der Therapeutin. Sie schildert ihre Angst vor Leere und ihre

Befürchtungen, das Alleinsein nicht aushalten zu können. Möglicherweise sei das Leben bei der Mutter doch erträglicher, weil es vertraut sei, als das Unvertraute beim Vater. Nach einer intensiven Phase des Durcharbeitens in der Fantasie und schließlich der Umsetzung, indem die Patientin nach einem Streit mit der Mutter – zuerst vorläufig – zum Vater zieht, kommt das Thema Aggression auch deutlicher in die therapeutische Beziehung. Auslöser sind einerseits die Rückmeldung über die guten Ergebnisse bei den Abiturklausuren und andererseits eine Enttäuschung über die Therapeutin, die mehrere Termine abgesagt oder verschoben hatte. Die Patientin kommt daraufhin mehrmals abgehetzt und verspätet zu den Therapiestunden und bemerkt mit kritischem Unterton: »Sie sind viel unterwegs.« Nun fühlt die Therapeutin sich schuldig, da sie unzuverlässig ist und die Patientin in der Phase des Abschieds von der Schulzeit alleinlässt. Sie nimmt die versteckte Kritik an und stellt ihre Unzuverlässigkeit in einen Zusammenhang mit dem Verhalten der Eltern, bei denen die Patientin ebenfalls oft allein und enttäuscht zurückbleibt. Im Gespräch zeigt sich dann, dass sich hinter dem Vorwurf auch ein Wunsch verbirgt, nämlich selbst verreisen zu dürfen. Sie hatte auf die Abiturreise verzichtet, um die Eltern nicht erneut finanziell zu belasten, und war neidisch auf die Freundinnen – und die Therapeutin –, die sich dies gönnen.

In der *folgenden Therapiephase* setzt sie sich nicht nur mit der realen Mutter, sondern mit ihren eigenen aggressiven Gefühlen dieser gegenüber auseinander, beispielsweise gesteht sie sich ein, dass sie auch trotzige und gemeine Seiten hat und dass sie es der Mutter momentan nicht gönnt, sich wieder mit ihr zu versöhnen. Tatsächlich bietet sie der Mutter aber ein klärendes Gespräch an, um den Kontakt zu ihr nicht zu verlieren, möglicherweise auch um zu überprüfen, ob dieser die »gemeinen Gedanken« geschadet haben. Auch die Beziehung zum Vater verändert sich. Nachdem dieser zunächst die »guten Eigenschaften« auf sich versammelt hatte, wird sie auch ihm gegenüber kritischer und mutiger in der Vertretung ihrer Interessen, indem sie ihm sagt, wie sehr sie sich durch seinen Zigaretten- und Alkoholkonsum gestört fühle.

Das Thema Schuld kann nach einem Gespräch mit der Mutter, die der Patientin erzählt, dass sie als Jugendliche in ein fremdes

Land gebracht und dort »zwangsverheiratet« worden sei, auch unter transgenerationalen Gesichtspunkten anders eingeordnet werden. Esther befasst sich nun mit der Frage, ob gar nicht sie schuld an der Depression ihrer Mutter sei, sondern die depressiven Stimmungen der Mutter und deren Angst vor Bedrohung vielleicht auch aus der Beziehung zur eigenen Mutter herrührten. Obwohl diese Frage nicht eindeutig beantwortet werden kann, fühlt sie sich entlastet.

Dennoch wirkt das Thema Schuld auch am *Ende der Therapie* weiter. Sie plant nun einen längeren Auslandsaufenthalt als Entwicklungshelferin in Somalia. Neben dem altersentsprechenden Wunsch, sich unabhängig zu machen und zu erproben, dient dieser Plan auch dazu, die auf sich geladene Schuld abzuarbeiten. Als die Therapeutin dies ausspricht, konnotiert die Jugendliche die Deutung mit einem verschmitzten Lächeln, so als fühle sie sich ertappt. Die im Zusammenhang mit der geplanten Reise auftauchenden Ängste sind nun auf diesem Hintergrund und der realen Ebene bearbeitbar.

Abschließende Überlegungen mit OPD-KJ-2: Schon in der diagnostischen Phase zeigt sich ein Schuldkonflikt im passiven Modus, vor allem in Bezug auf die Mutter und den jüngeren Bruder. Die Patientin fühlt sich einerseits veranlasst für die belastete Mutter zu sorgen und ihr gegenüber loyal zu sein, andererseits fühlt sie sich überfordert und ausgenutzt. Aggressive Impulse werden zunächst abgewehrt, da sie unerträgliche Schuldgefühle auslösen und/oder gegen sich selbst und ihren Körper gerichtet werden. Auf dem Hintergrund einer vertrauensvollen therapeutischen Beziehung und eines stabilen Arbeitsbündnisses entfaltet sich der Konflikt nun innerhalb der Beziehung zur Therapeutin und kann dort thematisiert werden. Zentral ist dabei die Bearbeitung der negativen Übertragung, was der Patientin ermöglicht, die zuvor unbewussten Wünsche und Gefühle wahrzunehmen, zu verstehen und sich aus der Verstrickung zu lösen. Hilfreich sind dabei auch Informationen über reale traumatische Erfahrungen aus der Herkunftsfamilie der Mutter, welche die Problematik auf dem Hintergrund transgenerationaler Weitergabe in der weiblichen Linie nachvollziehbar machen und die Patientin zusätzlich entlasten.

Nach der Auflösung des Schuldkonflikts zeigt sich eine adoleszente Ablöseproblematik in der Spätadoleszenz. Es wird deutlich, wie

sehr der Konflikt die psychischen Kräfte gebunden und die altersentsprechende Entwicklung gebremst hat. Die Patientin nutzt nun
einen längeren Auslandsaufenthalt, um sich äußerlich und innerlich
von den primären Objekten zu lösen und die verbliebene Schuld im
Rahmen eines Hilfsprojektes abzuarbeiten. Die Überprüfung an der
Realität dieses Projektes trägt dazu bei, dass Esther nun wirklich
autonom und selbstständig werden kann.

Lea, 17 Jahre: Konflikt Selbstversorgen versus Versorgtwerden, passiver Modus

Die Jugendliche wird von ihrem Vater – mit der Frage nach einer
ambulanten psychoanalytischen Behandlung – angemeldet. Lea ziehe
sich zunehmend aus sozialen Kontakten zurück, fühle sich in der
Schule überfordert und habe in den letzten Wochen deutlich an
Gewicht verloren. Sie esse erschreckend wenig und reduziere inzwischen auch die Aufnahme von Flüssigkeit.

Im *ersten Kontakt* begegnet die Therapeutin einem sehr schlan-
ken, groß gewachsenen Mädchen mit glanzlosen, langen, blonden
Haaren, blasser Gesichtsfarbe und auffallend traurigen Gesichtszü-
gen. Sie wirkt jünger als 17 Jahre, aber gleichzeitig älter, so dass die
Therapeutin unsicher ist, ob sie die Jugendliche mit Du oder mit Sie
ansprechen sollte. Im Gespräch wirkt Lea nachdenklich und reflektiert und in den kurzen Momenten, in denen ein Lächeln über ihr
Gesicht huscht, strahlen ihre braunen Augen. Sie sieht sehr ernst
aus und wirkt bedürftig und die Therapeutin fühlt sich spontan
aufgefordert, für sie zu sorgen. Dann stellen sich Leeregefühle ein
und eine Sprachlosigkeit, die sich aber überwinden lässt, indem die
Therapeutin ausspricht, dass es schwer sei, Worte für die momentane
Gefühlslage zu finden. Die Patientin berichtet daraufhin von quä-
lenden Schuldgefühlen gegenüber ihren Eltern und traurigen Stimmungen, in denen sie sich unendlich allein fühle. Mit der Mutter, bei
der die Patientin lebt, habe es in den letzten Wochen und Monaten
heftige Auseinandersetzungen gegeben, die mit gegenseitigen verbalen Verletzungen einhergegangen seien. Dies habe zur Folge, dass
sie sich immer mehr zurückgezogen habe. Lediglich mit zwei guten
Freundinnen sei sie regelmäßig im Kontakt. Der Schulbesuch sei

eine Qual für sie. Sie gehe zwar hin, beginne aber häufig im Unterricht zu weinen und könne sich dann nicht mehr konzentrieren, so
dass die Lehrer sie nach Hause schickten. Auslöser für die traurigen
Stimmungen sei der Tod ihrer Oma, der Mutter des Vaters, gewesen,
mit der sie sich gut verstanden habe und die eine Vertrauensperson
für sie gewesen sei.

Aus der *Lebensgeschichte* der Patientin ist zu erfahren, dass
Schwangerschaft und Geburt normal verliefen und sie acht Monate
gestillt wurde. Ihre motorische Entwicklung, Sprachentwicklung und
Sauberkeitserziehung erfolgten regelrecht. Sie sei schon als kleines
Kind eher still, schüchtern und zurückgezogen gewesen. Da beide
Eltern noch studierten, sei sie von den Großeltern mit betreut worden. In den Kindergarten sei sie nur widerwillig gegangen, da sie
sich vor den Kindern gefürchtet habe. Die Einschulung erfolgte mit
sechs Jahren, ab der 5. Klasse besuchte sie ein Gymnasium. Im Alter
von zwölf Jahren habe sie heftige Schulängste entwickelt und sei der
Schule ferngeblieben; sie habe deswegen die 7. Klasse wiederholen
müssen. Überhaupt habe sie den Schulbesuch vorwiegend als quälend
erlebt. Sie sei gehänselt und gemobbt worden und habe sich eher aus
Pflichtgefühl hingeschleppt, als dass sie gern zur Schule gegangen sei.

Die Eltern trennten sich, als Lea vier Jahre alt war. Sie lebte
dann bei der Mutter, wurde vom Vater jedes zweite Wochenende
abgeholt und verbrachte einen Teil der Ferien bei ihm. Die Mutter
»musste« ganztags arbeiten, um den Lebensunterhalt zu verdienen.
Lea besuchte ganztags einen Kindergarten. Der Vater fand bald eine
neue Partnerin, mit der er inzwischen einen fünfjährigen Sohn hat.
Die Beziehung zwischen Lea und der Partnerin des Vaters sei, trotz
gegenseitigen Bemühens, von Beginn an spannungsreich gewesen.
Lea habe sich immer gewünscht, »dazuzugehören«, was aber letztlich
nicht gelungen sei, da sie von der Frau des Vaters nicht als Tochter
akzeptiert worden sei. Als die Konflikte zwischen ihr und der Mutter unerträglich wurden, blieb sie nach einem Ferienbesuch beim
Vater. Was zuerst nach einem vielversprechenden Neustart aussah,
scheiterte nach wenigen Wochen, da Lea sich von der Partnerin
des Vaters emotional abgelehnt fühlte. Die Enttäuschung über den
gescheiterten Neubeginn ging mit einer rapiden Gewichtsabnahme
einher, die schließlich eine stationäre Behandlung notwendig machte.

Diagnostisch handelt es sich um eine depressive Entwicklung mit deutlich anorektischem Verhalten (ICD-10: F33.1, rezidivierende depressive Störung, mittelgradige Episode; F50.0, Anorexia nervosa; J45.0, allergisches Asthma bronchiale), auf dem Hintergrund einer adoleszenten Ablösungskrise in der Spätadoleszenz bei mittlerem Strukturniveau, das heißt eingeschränkter Integration. Im Vordergrund steht das depressive Erleben mit einer tiefen Traurigkeit und dem Gefühl, unerwünscht, wertlos und alleingelassen zu sein. Aggressive Affekte sind kaum spürbar, allenfalls in einer trotzigen Beharrlichkeit im Zusammenhang mit der Essstörung. Eher ist anzunehmen, dass aggressives Erleben aus Angst vor Objektverlust verleugnet, rationalisiert oder in Form von Reaktionsbildungen abgewehrt werden muss.

Nach der OPD-KJ-2 besteht ein unbewusster innerer Konflikt zwischen Selbstversorgen versus Versorgtwerden im aktiven Modus sowie ein Schuldkonflikt in Bezug auf die Eltern im passiven Modus. Die Patientin fühlt sich schuldig am Leid der Mutter sowie an der konflikthaften Beziehung des Vaters zu seiner Partnerin.

Psychodynamisch ist zu vermuten, dass die emotionale Entwicklung, beginnend im zweiten Lebensjahr, von der Beziehungskrise der Eltern und der beginnenden Depression der Mutter überschattet wird. Trotz Unterstützung bei der Versorgung des Babys durch die Großeltern können sich die Eltern aufgrund der eigenen emotionalen Bedürftigkeit dem Baby nicht ausreichend zuwenden. Es ist anzunehmen, dass die Patientin mit ihren Wünschen nach Sicherheit und Geborgenheit auf ambivalente Beziehungsangebote trifft, die einerseits von der Sehnsucht nach Geborgenheit in der Familie, aber andererseits durch die Angst vor Nähe gespeist werden. Bereits im ersten Lebensjahr dürfte sich eine Störung in der Mutter-Kind-Beziehung entwickelt haben, wodurch die angemessene Herausbildung der Selbst- und Objektrepräsentanzen beeinträchtigt wird. Im Alter von zwei Jahren spitzt sich die elterliche Beziehungskrise zu. Vermutlich führt dies zu einer Behinderung der Autonomieentwicklung bei der Patientin und zu Trennungs- und Objektverlustängsten. Sie entwickelt sich zu einem schüchternen und braven Mädchen, das sich in Konfliktsituationen ängstlich in eine Fantasie- und Traumwelt zurückzieht. Aggressive Impulse werden externalisiert und als bedrohlich und verfolgend erlebt (Mobbing). Von den Eltern fühlt sie sich mit ihren Sorgen alleingelassen. Mit Beginn der Pubertät erkrankt die Mutter an einer schweren Depression, was von der Patientin als sehr verwirrend und traumatisierend erlebt wird und eine progressive Entwicklung erneut blockiert. Schließlich kehrt sie die Aggression gegen sich selbst, indem sie aufhört zu essen und zu trinken, um endlich auf ihren Zustand aufmerksam zu machen.

Als Behandlung wird eine analytische Langzeitpsychotherapie mit Einbezug der Eltern vorgeschlagen. Dies ist vor allem in Bezug auf die anorektische Problematik und einen eventuell notwendig werdenden Klinikaufenthalt indiziert.

Zentrales Thema in der *ersten Phase der Behandlung* ist die Installierung eines Arbeitsbündnisses mit der Patientin. Für Lea bedeutet die Entscheidung für diese Therapie einen Neuanfang, mit dem sie die Hoffnung verknüpft, einen Weg aus der schwierigen Beziehungskonstellation mit der Mutter zu finden. Sie erlebt die Therapeutin in der initialen Übertragung als neues, Halt gebendes Objekt, ähnlich wie die geliebte Großmutter, die sie verloren hat. Auf dieser Basis entwickelt sich schnell eine vertrauensvolle und für die gemeinsame Arbeit grundlegende Beziehung.

Wenige Wochen nach Therapiebeginn entscheidet sich die Patientin zum Vater zu ziehen, um durch den räumlichen Abstand zur Mutter eine Entschärfung der Beziehungskonflikte zu erreichen. Der Vater und seine Partnerin unterstützen diese Entscheidung. Die Mutter fühlt sich zwar verlassen, aber auch entlastet von den täglichen, emotional anstrengenden und zermürbenden Streitereien. Die Patientin beginnt wieder zu essen, geht regelmäßig zur Schule und es besteht die Aussicht, dass sie die 10. Klasse mit der anstehenden Realschulprüfung schaffen kann, auch wenn sie die Leistungsanforderungen und den täglichen langen Aufenthalt in der Schule als sehr anstrengend empfindet.

Nach den Weihnachtsferien kommt Lea blasser und dünner als zuvor zur Therapie. Sie weint bitterlich und ist verzweifelt. In den Ferien habe sie große Probleme mit dem Essen gehabt, weil die Verwandten sie beobachtet hätten. Sie habe sich sehr allein gefühlt und vor allem spüre sie zunehmend die Ablehnung durch die Partnerin des Vaters. Diese sage zwar, dass Lea erwünscht sei in der Familie, aber emotional vermittle sie etwas anderes. Zeitgleich entscheidet sich die Mutter, ihre Wohnung, in der sie mit Lea gewohnt hat, aufzugeben und zu ihrem Freund zu ziehen. Dies bedeutet, dass der Rückweg versperrt ist, denn in der neuen Wohnung wird Lea kein eigenes Zimmer bekommen (groteskerweise aber die gleichaltrige Tochter des Partners der Mutter). Lea zieht sich immer mehr zurück, sie weint täglich in der Schule, so dass die Lehrerin sie nach Hause schickt. Sie verliert weiter an Gewicht. Der Vater ist sehr besorgt, er informiert sich über Kliniken für essgestörte Jugendliche und in Kooperation mit dem Hausarzt gelingt es, die Patientin schließlich zu bewegen, sich einer stationären Behandlung zu unterziehen. Die damit verbundenen Ressentiments und Ängste vor der neuen und fremden Situation können in der ambulanten Therapie zwar angesprochen, aber nur ansatzweise bearbeitet werden. Die schon lange bestehenden, tiefgreifenden Trennungs- und Verlassenheitsängste, die anlässlich der realen Trennung von Mutter und Vater wiederbelebt werden, können nun zumindest benannt werden.

Während der *stationären Therapie* meldet sich die Patientin hin und wieder telefonisch bei der Therapeutin und hält so den Kontakt. Die Entlassungsplanung gestaltet sich insofern kompliziert, als Lea nun kein Zuhause mehr hat. Die Mutter ist inzwischen umgezogen und die Partnerin des Vaters weigert sich, sie wieder in ihren Haushalt aufzunehmen. Schließlich nimmt der Vater dies zum Anlass, sich räumlich von seiner Familie zu trennen, und mietet für sich und Lea eine Wohnung an. In mehreren Gesprächen mit ihm und Lea wird erörtert, wie er diese Entscheidung seinem Sohn und seiner Familie vermitteln könne, denn die Information, »weil Lea krank ist«, bewirkt bei Lea eine erneute Welle von Schuldgefühlen und befeuert ihren ohnehin bestehenden inneren Konflikt zwischen den Schuldgefühlen in Bezug auf das erneute Auseinanderbrechen der väterlichen Familie und der Dankbarkeit in Bezug auf die Entscheidung, nun für sie zu sorgen.

In der *weiteren Behandlung* tritt trotz aller Konflikte und Unwägbarkeiten eine Entspannung ein. Lea nimmt weiter an Gewicht zu und bereitet sich darauf vor, nach den Sommerferien wieder zur Schule zu gehen und sich auf das Abitur vorzubereiten. Je näher dieser Termin rückt, desto größer wird die Angst vor der auf sie zukommenden Belastung. »Die Zukunft sieht aus wie ein großes schwarzes Loch«, sagt sie. Früher habe sie dieses Loch mit Essen gestopft. Das wolle sie aber jetzt nicht mehr, sie verurteile sich dafür. Die Therapeutin merkt an, dass das Essen vielleicht ein Trost gewesen sei in einer Zeit, in der sie sich sehr einsam und verzweifelt gefühlt habe. Anstatt Trost in ihrer Beziehung zu ihren Eltern oder Freundinnen zu suchen, habe sie versucht, es allein zu schaffen. Leider habe diese Lösung aber nur kurzfristig geholfen und sich dann ins Gegenteil verkehrt, nämlich in Verachtung sich selbst gegenüber. Allmählich fallen Lea Szenen aus der Zeit ein, als die Mutter krank wurde und nur noch apathisch zu Hause saß und/oder gereizt und aggressiv reagierte, ohne dass Lea dies einordnen konnte. Sie habe nicht verstanden, was los gewesen sei, niemand habe es ihr erklärt, sie sei verwirrt und verängstigt gewesen, habe sich Sorgen gemacht und sei nicht mehr zur Schule gegangen. Manchmal sei sie wie erstarrt gewesen und habe nichts mehr gefühlt. Mit dem Vater habe sie nicht darüber sprechen können, da die Beziehung zwischen den Eltern sehr schwierig gewesen sei und sie kaum miteinander gesprochen hätten.

Mit Beginn des neuen Schuljahres wagt Lea, trotz massiver Ängste, den Schulversuch. Da sie der Schulbesuch sehr anstrengt und sie die vorher regelmäßigen Essenszeiten nun nicht mehr einhalten kann, nimmt sie wieder an Gewicht ab. Der Vater reagiert erneut sehr besorgt und drängt auf einen zweiten Klinikaufenthalt. Er ist zunehmend ungehalten und verärgert, auch in Bezug auf die ambulante Therapie, und droht damit, dass die Tochter aus der gemeinsamen Wohnung ausziehen solle. In Anbetracht dieser Krise werden nun erstmalig gemeinsame Gespräche mit Lea und ihren Eltern vereinbart. Lea erklärt ihren Eltern, dass sie nicht »in das normale Leben« zurück will, in dem sie die »angepasste und folgsame Tochter war«. Sie wolle etwas in den Beziehungen verändern, vorher könne sie nicht gesund werden.

Das erneute Scheitern in der Schule bewirkt bei beiden *Eltern* Rat- und Hilflosigkeit, aber auch erstmalig ein gemeinsames Nachdenken über ihr Versagen als Eltern. Dem Drängen des Vaters, dass Lea im Alter von 18 Jahren nun endlich »flügge werden« müsse, stellt die Therapeutin das Bild gegenüber, dass junge Vögel erst flügge werden können, wenn sie die Geborgenheit und Sicherheit des Nests erfahren haben und stark genug sind, sich hinaus zu wagen. Lea kommen in dieser Situation die Tränen und auch die Mutter reagiert sehr nachdenklich. Die Beziehung zwischen Mutter und Tochter beginnt sich zu verändern. Beide können nun ihr Bedauern über die verletzenden Auseinandersetzungen äußern und den Wunsch, wieder mehr Zeit miteinander zu verbringen. In einem *Mutter-Tochter-Gespräch* erzählt die Mutter dann von ihrer eigenen Adoleszenz und von ihrer eigenen Familiensituation, in der sie im Alter von 18 Jahren eine Magersucht entwickelte. Sie habe sich in einem emotional kalten Elternhaus irgendwann nur noch auf sportliche und schulische Leistungen konzentriert und damit ihre emotionale Leere überspielt. Diese Informationen führen zu mehr Verständnis der Mutter gegenüber, aber noch lange nicht zu der unkomplizierten und emotionaleren Verständigung, die Lea sich wünscht. Aber es ist ein Anfang. Leas Wünsche nach Nähe und Geborgenheit, die bis dahin lediglich in der Übertragung und der therapeutischen Beziehung spürbar und erlebbar waren, richten sich nun direkt an die Mutter. Es beginnt ein zaghafter Prozess der Annäherung, der immer wieder von Enttäuschungen unterbrochen, aber auch von schönen gemeinsamen Erfahrungen und dem deutlichen Willen nach Veränderung vorangetrieben wird.

In den Einzelstunden dieser *mittleren Therapiephase* bringt die Patientin zunehmend Material in Form von Einfällen und Träumen mit, in denen die Sehnsucht nach einer vertrauten emotionalen Beziehung zur Mutter spürbar wird. Dies ist heilsam und schmerzhaft zugleich. Einerseits öffnet sich für Lea eine neue Welt von Bedürfnissen, Wünschen und den damit verbundenen Gefühlen, die lange verschüttet waren. Andererseits muss sie sich nun mit der Tatsache auseinandersetzen, dass weder die Mutter noch der Vater ihre Sehnsucht stillen konnten, noch jemals werden stillen können. Das Bewusstwerden dieser Beziehungswünsche an die primären Bezugspersonen ist außerdem eine notwendige Voraussetzung für die altersentsprechende Auseinandersetzung mit dem Abschiednehmen in der Spätadoleszenz von eben diesen Wünschen und Bedürfnissen an die Eltern. Je deutlicher sie die Wünsche an die Eltern spürt, desto mehr steigt die Angst davor, dass sie die zaghafte Annäherung an die Mutter durch ihre Aggression wieder zerstören und infolgedessen wieder weggeschickt werden könnte. Sie beginnt, sich den verpönten und gefürchteten Emotionen wie Abneigung, Ekel, Wut etc. anzunähern, die sie damals so erschreckt hatten, dass sie sich apathisch zurückzog bzw. die Aggression gegen sich selbst wandte, indem sie sich zu kontrollieren begann.

In einem *Familiengespräch* fordern die Eltern von ihr, dass sie sich mehr zeigen und ihre Meinung sagen solle. Lea antwortet daraufhin unter Tränen, dass sie Angst habe, wieder »so böse« zu werden, wie sie gewesen sei, und dass sie niemals mehr so werden wolle. Die Eltern reagieren mit hilflosem Schweigen, das erst durch eine Intervention der Therapeutin unterbrochen wird. Hier zeigt sich, wie ungeübt die Eltern im Umgang mit emotionalen Situationen sind, und es wird deutlich, was Lea eigentlich fehlt.

Abschließende Überlegungen mit OPD-KJ-2: Beschrieben wird die psychoanalytische Psychotherapie mit einer zu Beginn der Behandlung 17 Jahre alten Jugendlichen mit anorektischem Verhalten und einer ausgeprägten depressiven Problematik. In der Terminologie der OPD-KJ besteht ein Konflikt zwischen Versorgen versus Versorgtwerden im passiven Modus auf dem Hintergrund einer eingeschränkten Struktur. Die Behandlungsvoraussetzungen können in der subjektiven Dimension und in Bezug auf die Ressourcen und die Therapievoraussetzungen als hoch eingeschätzt werden.

Wegen einer dramatischen Gewichtsreduktion, ausgelöst durch eine krisenhafte Zuspitzung in der Familie, erfolgt sechs Monate nach dem Beginn eine dreimonatige stationäre Therapie. Die ambulante Behandlung wird danach wieder aufgenommen. Es zeigt sich, dass zusätzlich zur Einzeltherapie Gespräche mit den Eltern und der Patientin notwendig sind, um die familiäre Beziehungsdynamik besser zu verstehen und bearbeiten zu können.

Zentrales Thema in der Einzeltherapie ist die Sehnsucht der Patientin nach einer liebevollen Beziehung zu ihrer Mutter, in der sie mit ihren Bedürfnissen nach Versorgung ernst genommen wird. Dies zeigt sich zuerst in der Gegenübertragung. Nachdem sich schnell eine vertrauensvolle Arbeitsbeziehung entwickelt hat, entstehen bei der Therapeutin zunehmend Gefühle, die vom Wunsch bestimmt sind, die Patientin gut und zuverlässig mit Terminen zu versorgen, sowie ein schlechtes Gewissen, wenn sie sie zum Beispiel in den

Ferien alleinlassen muss. Als die Therapeutin ihr deshalb während der Sommerferien einige Termine anbietet und die Patientin dennoch mit Gewichtsabnahme reagiert, wird deutlich, dass sich diese existenziellen Bedürfnisse nicht im Rahmen der Übertragungsbeziehung würden bearbeiten lassen, sondern die Jugendliche ihre reale Mutter braucht.

In den Familiengesprächen konfrontiert die Patientin ihre Mutter mit den Wünschen, aber auch der Angst, zurückgewiesen zu werden. Die Mutter reagiert verständnisvoll und so bahnt sich eine emotionale Annäherung an. Lea fühlt sich nun von der Mutter unterstützt und beginnt zu essen. Gleichzeitig werden die aggressiven Gefühle, die Schuldgefühle und die Angst, wieder so aggressiv werden zu können, wie sie einmal gewesen ist, bewusster bzw. die Erinnerung kehrt zurück.

Der Schuldkonflikt ist zwar vorhanden, aber nicht dominant. Es ist damit zu rechnen, dass er im Verlauf des Durcharbeitens mehr in den Vordergrund rückt, wenn die aggressiven Selbstanteile der Patientin in den Blick rücken, die noch hinter dem Wunsch nach Versorgung und der regressiven Passivität verborgen sind.

Die Behandlung ist noch nicht abgeschlossen. Zum Zeitpunkt der Darstellung befindet sie sich in der mittleren Phase des Prozesses, in der circa 90. Stunde, das heißt der Phase des Durcharbeitens. Es ist abzusehen, dass für die Bearbeitung der tiefgreifenden Konflikte und strukturellen Defizite noch einmal so viel Zeit aufgewendet werden muss, vor allem auch für den Abschiedsprozess mit der Patientin, aber auch mit ihren Eltern, die sich erstmalig auf gemeinsame Gespräche in einer psychotherapeutischen Arbeit einlassen.

Daniel, 18 Jahre: Verschiebung im Konfliktfokus von Versorgung versus Versorgtwerden über Unterwerfung versus Kontrolle zum Selbstwertkonflikt

Die Mutter ruft beim Therapeuten an und berichtet besorgt über ihren 18-jährigen Sohn Daniel. Er sei ein guter Schüler, spiele begeistert im Schultheater und nehme Schlagzeugunterricht. Ansonsten lebe er vollkommen zurückgezogen, spreche nur, wenn man ihn anrede, und auch dann nur sehr wenig. Auf einer Klassenfahrt habe

er einen Suizidversuch verübt. Er gehe nie aus mit Freunden. Als
der Therapeut ihr erklärt, wie der Sohn die Praxis finde, meint sie,
sie könne ihn mit dem Auto bringen, er könne nicht Bus oder Zug
fahren.

Der Patient kommt wenige Wochen später in Begleitung seines
Vaters. Er ist schlank, unauffällig dunkel gekleidet und trägt eine
Schirmmütze, die er tief ins Gesicht gezogen hat. Er legt Mütze und
Jacke nicht ab. Er spricht ein sehr gewähltes Deutsch, sein Blick ist
auf den Tisch gerichtet, so dass man sein Gesicht nicht sehen kann.
Als der Therapeut nach dem Grund seines Kommens fragt, sagt er:
»Ich weiß nicht, wer ich bin.« Es wird dann deutlich, dass er ein guter
Schüler ist, dass er aber auch den Eindruck hat, er müsse für seine
Eltern gute Noten haben. Obwohl er ein Zweier-Schüler ist, hält er
sich für das schwarze Schaf der Familie. Er berichtet dann begeistert
von seinen Aktivitäten im Schultheater, wo er Hauptrollen spielt und
kein Problem hat, in eine vordefinierte Rolle zu schlüpfen. Das Theater sei für ihn einfacher als das normale Leben. Es wird deutlich, dass
sein Vater, ein Naturwissenschaftler, auch ein sehr zurückgezogener
Mensch ist, mit dem der Patient nicht reden kann und von dem er
sich wegen seiner andersartigen Interessen (Theater) abgelehnt fühlt.

Bereits im *Erstgespräch* hat der Therapeut das Gefühl, im Erleben des Patienten die Vaterfigur, die sich im Gegensatz zum leiblichen Vater für die Schauspielerei und die Interessen des Patienten
interessiert, zu sein. Trotz dieser positiven Übertragung stören ihn
die Mütze und die durch die Haltung hergestellte Distanz und der
Therapeut muss sich verkneifen, den Patienten zu bitten, die Mütze
abzulegen. Dem Therapeuten teilt sich auch der Druck des Vaters
mit, dass sein Sohn sein naturwissenschaftliches Interesse und Talent
zeigen möge. Der Patient ist der einzige Sohn, den das Ehepaar nach
vier Töchtern bekommen hat, es liegt ein großer zeitlicher Abstand
von zwölf Jahren zwischen ihm und der jüngsten Schwester.

In den diagnostischen *Gesprächen mit den Eltern* konnte *das bio-
grafische Bild* komplettiert werden, der Therapeut entschließt sich
jedoch, aufgrund des Alters und der zu fördernden Autonomie des
Patienten keine Elterngespräche zu machen. Der Vater ist schon relativ alt, 62 Jahre, und die Mutter beklagt, dass es oft Streitereien gebe
und ihr Mann ihr nicht zuhöre. Der Sohn sei allerdings auch schon

gegen Ende der Grundschulzeit auffällig geworden und habe sich sozial isoliert. Im Gymnasium sei er dann einfach allein geblieben und habe sich damit abgefunden. Die Anstrengungen der Mutter, ihn mit Spielen und kleinen Unternehmungen »aus seinem Loch zu holen«, hätten aber nicht gereicht. Er wirke leider auf andere sehr sonderbar und könne nur beim Theater oder beim Schlagzeugspielen aus dieser Stimmung herausfinden. Die Mutter sieht mehr als der Vater seine Begabung, hält ihn aber für lebensuntüchtig und seltsam. Die Mutter profitiert sehr von der engen Beziehung zum Sohn, zum Beispiel erfährt sie eine Selbstwertbestätigung, indem sie sich als Mutter unentbehrlich macht. Der Patient hat im Übrigen zahlreiche Zwangssymptome, indem er versucht, Situationen, in denen er sich unsicher fühlt, zu kontrollieren. Insbesondere Wut, Empörung und das Ausleben von Aggressionen werden durch zwanghafte Rituale ersetzt.

Der im Folgenden beschriebene *Therapieverlauf* bezieht sich auf insgesamt neunzig Stunden psychoanalytische Therapie über insgesamt zwei Jahre. Nach den probatorischen Sitzungen gibt es keine Elterngespräche mehr. Im Sinne der OPD-KJ-2 wird am Ende der diagnostischen Phase Versorgen versus Versorgtwerden im passiven Modus deutlich, aber auch Unterwerfung versus Kontrolle. Der Patient schildert eine starke Identitätsproblematik. Diese ist aber im Erstgespräch und in den folgenden Gesprächen noch nicht als Identitätskonflikt erkennbar.

In der *ersten Phase der Behandlung* wird immer wieder deutlich, dass der Patient schweigt und den Therapeuten erwartungsvoll ansieht, und erst sehr viel später versteht der Therapeut dies als Einladung, in die versorgende Mutter-Übertragung zu gehen. Daniel wird wenig aktiv. So wie er sich im realen Leben von seiner Mutter versorgen und herumfahren lässt und sich weigert, den Führerschein zu machen und autonom etwas zu unternehmen, so erwartet der Patient zu Beginn der Stunden immer wieder, dass der Therapeut ein Thema vorgibt. Er genießt es offensichtlich, wenn der Therapeut seiner Selbstabwertung aufgrund seiner Schüchternheit, seiner Kreativitätslosigkeit und seines unattraktiven Äußeren widerspricht.

In der *mittleren Phase der Therapie* wird deutlich, dass die Mutter den Patienten bis zum Therapiebeginn komplett versorgt, indem sie alle Telefonate für ihn erledigt, Kleider kauft, ihn zum Arzt begleitet, ihn von Ausflügen der Messdiener abholt, wenn er sich unter Gleichaltrigen nicht wohlfühlt, usw. Erst um die 50. Stunde herum äußert der Patient leicht aggressiv, in welcher Weise die Mutter sich in sein Leben einmischt und dass er das nicht mehr länger wolle, dass es ihn aufrege, er aber andererseits Angst vor allem Neuen habe und sich nichts selbstständig zutraue. In dieser mittleren Phase der Therapie zeigt sich, dass der Patient die depressive Mutter stützt. Als die Mutter tatsächlich eine Depression bekommt (um die 80. Stunde herum), kann aber auch herausgearbeitet werden, dass er dennoch lernen muss, auf Distanz zu gehen, und dass es keine Lösung ist, dass er der kleine, zu versorgende Junge bleibt. Der Kernkonflikt, der also in der mittleren Phase der Therapie thematisiert wurde, ist Versorgung versus Versorgtwerden im passiven Modus. Es ist jedoch auffällig, dass der Patient auf Klarifikationen und Deutungen stark abwertend reagiert. Es deutet sich an, dass hinter dem passiven Versorgtwerden und der Ansprüchlichkeit des Patienten möglicherweise ein anderes, weiteres konflikthaftes Thema steht.

Dies wird in der *letzten Phase* besonders deutlich. Der Patient kann sich nun äußerlich von der Versorgung durch die Mutter lösen und auch innerlich von der Mutter distanzieren. Er stellt aber auch in Bezug auf den Therapeuten eine symbiotische Beziehung her, indem er erwartet, dass der Therapeut selbst die Stimmung spürt, in der der Patient sich gerade befindet. Es wird nun deutlicher, dass die Zwangssymptome auftreten, nachdem er Konflikte mit seiner Mutter hatte. Offensichtlich dient die Symptomatik dazu, seine Aggression zu zügeln und zu binden.

Am *Ende der Therapie* träumt der Patient häufig von Autos und die zunehmende Autonomie scheint bei ihm viele Ängste auszulösen. Es ist auffällig, dass er fast ein Jahr brauchte, um den Führerschein zu machen und dreimal durchfiel. Die Fahrerlaubnis und das Auto waren wahrscheinlich Symbole von Selbstständigkeit und Autonomie, die er jedoch nicht ganz besitzen wollte. Der Therapeut bemerkt, dass der Patient, nachdem er sich in den ersten beiden Phasen selbst stark abgewertet hatte, nun auch ihn, den Therapeuten, abwertet. Auf Interventionen des Therapeuten reagiert er regelhaft mit abwertenden, intellektualisierenden Bemerkungen wie: »Da liegen Sie vielleicht nicht ganz falsch«, oder: »Das trifft es nicht ganz, fällt Ihnen noch etwas anderes ein?«, oder: »Da liegen Sie richtig, aber Sie übertreiben«. Es ist extrem schwierig, Aggressionen in der Stunde zu benennen, die der Patient selbst hat (und die er teilweise mit Zwängen kontrolliert). Es besteht eine so große Angst vor seinen zerstörerischen Impulsen, dass es nicht einfach ist, dies anzusprechen.

Der Therapeut erlebt in der Übertragung Wünsche nach der mütterlichen Überversorgung und in seiner Gegenübertragung den Drang, sich ständig um den Patienten aktiv zu bemühen, aber auch Interesse für die Entwicklung des Patienten, das sich im Spiegeln und in der Freude an den Fortschritten zeigt. In dieser Phase geht es sehr viel um »Normalität«. Es gelingt dem Patienten zum Beispiel äußerst selten, eine Currywurst am Bahnhof zu essen, und dies scheint eine Mischung aus Sich-Selbstversorgen und einem Selbstwertkonflikt zu sein – kann er so etwas Profanes überhaupt?

Die *Frage der potenziellen Verlängerung der Therapie* gestaltet sich schwierig. Der Therapeut hat einerseits den Eindruck, dass Daniel die Therapie fortsetzen müsse, da er nur unter großen Schwierigkeiten in der Lage ist, sich nach Abschluss seines Abiturs für einen Studienplatz zu entscheiden und die Bahn zu benutzen. Der Therapeut möchte aber andererseits dem Patienten nicht wie der kontrollierende Vater »im Kreuz sitzen« und seine Autonomieentwicklung aggressiv vorantreiben, sondern ihm seine eigene Geschwindigkeit lassen. Der Patient erwartet gemäß seiner Erwartung an die Überversorgung der Mutter wiederum, dass der Therapeut ihm vorschlägt weiterzumachen. Der Therapeut gibt aber den Ball zurück und zeigt an einer Fehlleistung in der letzten Stunde, indem er plötzlich vom Du ins Sie wechselt (»Ich wünsche Ihnen auch alles Gute«), dass er dem Patienten zutraut, seinen weiteren Lebensweg allein zu gehen und dass er ihn für ein Stück weit erwachsen und in seiner Identität gefestigt hält. Damit ist er aus der negativen Vaterübertragung des abwertenden Vaters, der die Lernfortschritte des Patienten nicht sehen kann und auch seine Andersartigkeit nicht schätzen kann, herausgetreten. Der Patient hat seine weitergehenden Probleme noch benannt. Er bringt in die letzte Stunde Musik mit, und es ist einerseits eine traurige, aber auch eine frohe Stunde. Es wird auch deutlich, dass der Patient sich jetzt Hilfe holen kann, wenn er nochmals in eine Krisensituation gerät. In der Formulierung »Ihnen auch« zeigt sich, dass der Therapeut realisiert hat, dass der Patient erwachsener geworden ist.

Abschließende Überlegungen mit OPD-KJ-2: Über weite Strecken der Behandlung dominierte der passive Modus des Versorgtwerdens bei Daniel; er wurde sowohl in der Übertragung auf den Therapeuten, der viel »liefern« musste, als auch in der Gegenübertragung des Therapeuten im Sinne eines ständigen Bemühens, einer ständigen Aktivität und dem Gefühl der Angestrengtheit, deutlich. Selbst bei der Frage der Therapieverlängerung sollte der Therapeut aktiv werden. Unterwerfung versus Kontrolle als Konflikt wurde nur wenig spürbar; er ist angedeutet in dem feindseligen Abwarten des Patienten, dass sich der Therapeut um den Fortgang der Therapie bemühen solle, im Schweigen, vor allem aber in der Haltung des Vaters des Patienten, der ihn in eine naturwissenschaftliche Orientierung zwingen möchte. Der Therapeut reflektiert diese Perspektive, nimmt sie aber nicht in der Gegenübertragung auf und gibt dem Patienten den Raum zur eigenen Entfaltung. Insbesondere zum Ende der Therapie wird dann ersichtlich, dass vermutlich doch der Selbstwertkonflikt eine erhebliche Rolle spielt – zunächst angedeutet im passiven Modus (»ich bin nichts und kann nichts«), später dann aber in der Grandiosität und der abwertenden Haltung gegenüber den Interventionen des Therapeuten, also im aktiven Modus – und dass Daniel zwischen Kleinheits- und Größenfantasien schwankt. *Psychodynamisch* ist das so zu verstehen, dass der Patient wegen seiner anderen Interessen und Persönlichkeitseigenschaften vermutlich für seine Eltern »ein Nichts« ist. Er kann, zunächst noch zögernd und ängstlich, eine etwas realistischere Einschätzung seines Selbst entwickeln, und erlebt jemanden, der ihm das auch zutraut, ohne allzu viel zu »versorgen«. Für den Identitätskonflikt gibt es keine Anzeichen, obgleich der Patient es zunächst zu Beginn der Therapie so darstellt. Es fehlen die Suchbewegungen der wechselnden Identifizierungen mit anderen (z. B. Mutter, Vater oder Therapeut) im aktiven Modus, und auch die Orientierungslosigkeit, ein Merkmal des passiven Modus beim Identitätskonflikt, ist nicht vorhanden. Der Patient »weiß nicht, wer er ist«, aber das ist so zu verstehen, dass er das »falsche Selbst« seiner Eltern nicht übernehmen möchte und sein eigenes Selbst noch nicht gefunden hat. Am Ende der Therapie ist er auf einem vorsichtigen Weg dahin.

Julia, 13 Jahre: Verschiebung im Konfliktfokus und Arbeit an der Strukturachse

Bei dem im Folgenden geschilderten Behandlungsverlauf handelt es sich um eine Verschiebung im Konfliktfokus hin zum ödipalen Konflikt. Noch deutlicher ist allerdings, dass in der Therapie verstärkt mit der Strukturachse gearbeitet werden muss, vor allem an der Selbstwahrnehmung, der Selbst-Objekt-Differenzierung und der Emotionsregulierung (Welter u. Seiffge-Krenke, 2008).

Bei der 13-jährigen Julia (Vorstellungsgrund: sie würde massiv von ihren Mitschülern gemobbt) wurde im Interview zunächst eher ein Unterwerfung-versus-Kontrolle-Konflikt (passiver Modus) vermutet, der ödipale Konflikte deutete sich nur an. Zugleich fiel eine geringe Differenzierungsfähigkeit zwischen den Objekten und zwischen sich und anderen auf.

Im *Erstgespräch* wirkt die Patientin sehr brav und schüchtern, die Therapeutin fühlt sich an eine englische Internatsschülerin erinnert. Sie berichtet, es würden Lügengeschichten über sie erzählt, sie würde ausgegrenzt und isoliert und wisse nicht, warum. Das Mobbing habe durch eine ehemalige Freundin begonnen. Es sei diesem Mädchen gelungen, ihr alle Freundinnen wegzunehmen und alle Jungs gegen sie aufzustacheln. Sie werde gehänselt und über sie werde getuschelt, inzwischen sei sie in einer totalen Außenseitersituation in der Schule. Sie leide sehr darunter und wisse nicht, wie sie das noch aushalten könne. Sie fühle sich ausgeliefert und hilflos und ihr sei morgens meistens schlecht, wenn sie zur Schule müsse.

Die Eltern von Julia kommen aus der gleichen Kleinstadt und wurden mit 18 (Mutter) und 19 Jahren (Vater) ein Paar. Sie sind jeweils aus ihren *Herkunftsfamilien* zusammengezogen und heirateten im Alter von 23 bzw. 24 Jahren. Die Mutter ist Einzelkind und sehr stark mit der Versorgung ihrer an Alzheimer erkrankten Mutter beschäftigt. Ihr Mann sei ihr einziger Partner gewesen und ihn habe sie dann geheiratet. Er selbst habe die Schule als sehr locker erlebt und sei faul gewesen. Seine eigene Pubertät habe er wild gelebt und sei viel mit seinen Kumpels rumgezogen. Er habe gesehen, wie die Jugendlichen getrunken hätten und mit Mädchen umgegangen seien.

Die einzige Tochter kam als Wunschkind zur Welt; die Mutter konnte nicht stillen. In den ersten zwei Jahren schlief die Tochter im Bett zwischen den Eltern, im Alter von zwei bis vier Jahren gelang es allmählich, Julia an das eigene Zimmer zu gewöhnen. Nach einer von den Eltern als unauffällig geschilderten frühen Entwicklung gab es Probleme bei der Trennung im Kindergarten. Julia habe dann öfter bei Kindergartenkindern übernachten wollen, meistens habe sie aber am späten Abend wieder abgeholt werden müssen, weil sie Heimweh gehabt habe. Eltern und Tochter unternehmen vieles gemeinsam und die Tochter sagt, sie sei froh, wenn die Eltern mal ohne sie weggingen.

Auffällig in den Erstgesprächen ist, dass die Eltern noch heute ungetrennt von ihrer Tochter wirken. Sie wirken symbiotisch verschmolzen, sind in alle Belange der Tochter stark involviert. Die Eltern scheinen sehr besorgt und berichten, sie lägen nächtelang wach im Bett und unterhielten sich über die Probleme ihrer Tochter, ohne einen Ausweg zu finden. Atmosphärisch herrscht in diesen Erstgesprächen eine diffuse Stimmung der Angst. Die Therapeutin hat das Gefühl, die Welt, die diese Familie umgibt, sei gefährlich und undurchschaubar aufgrund ihrer Ungreifbarkeit. Gleichzeitig vermittelt sich der Therapeutin jedoch der innere Leidensdruck der Patientin wenig, beide Konflikte bleiben in der Gegenübertragung emotional blass und flach.

Die *Anfangsphase der Therapie* ist geprägt durch eine ungeheure Materialmenge, die Schilderungen bleiben immer »im Außen«, das heißt, dass Julia viele bedrohliche Außenobjekte nennt und eine Masse von Jugendlichen pro Stunde zur Sprache bringt. Einmal können gemeinsam bis zu 45 Namen in zwei aufeinanderfolgenden Stunden gefunden werden. Julia ist auf keine Einzelbeziehung fixierbar, dies wirkt lähmend auf die Therapeutin, die sich in der Gegenübertragung auf der kognitiven Ebene im Kopf unangenehm leer fühlt, während sich auf der emotionalen Ebene Ohnmacht und Ärger ausbreiten.

Wenige Wochen später tauchen weitere neue Namen auf. Darauf angesprochen, stellt sich heraus, dass der Freundeskreis sich tatsächlich fast gänzlich geändert hat. Ihre Freundschaften zeichnen sich insgesamt durch einen häufigen, schnellen Wechsel aus, der zunächst mit einer hohen Intensität beginnt, dann entstehen heftige Konflikte, die zu einem plötzlichen, kompromisslosen Abbruch führen. Zumeist bewegt sie sich in einer innigen Dreierkonstellation mit zwei ihrer Freundinnen, es gibt Konflikte, was dann ans Licht tritt und die beiden »betrogenen« Freundinnen ziehen sich zurück. Eine weitere Variante besteht darin, dass sich die Patientin in eine Liebesbeziehung einmischt, es entsteht eine Dreieckssituation, in der sie dem Freund als »bessere« Freundin erscheint. Er trennt sich; die ehemalige Freundin reagiert darauf mit großer Wut und bricht die Beziehung zur Patientin ab. Dennoch reagiert die Patientin überrascht ob der Reaktionen der anderen, erlebt sich selbst als unschuldig, »sie habe doch nichts gemacht« und kann sich die Reaktionen der anderen nicht erklären. Auch ihre Eltern hält sie tags und nachts beschäftigt, häufig mit Dreierkonstellationen, die sexuelle Elemente enthalten und dramatisch sind – Merkmale, die stark an einen ödipalen Konflikt (aktiver Modus) erinnern. Es wird deutlich, dass die Objekte beliebig austauschbar sind.

In dieser Phase der Therapie finden auch rasche Wechsel der Freunde statt, so dass die Therapeutin häufig überrascht bemerkt, dass sie zu Beginn der Stunde dachte, Julia spräche noch von dem Jungen der letzten Woche, um im Verlaufe der Therapiestunde festzustellen, dass es sich um einen anderen handelt. Die Jungs, mit denen sie zusammen ist, lassen sich in ihrer spezifischen Individualität für die Therapeutin nicht erkennen, geschweige denn, dass sich für sie eine Nähe zwischen der Patientin und ihrem jeweiligen Freund spüren ließe. Die Therapeutin spricht dies immer wieder an, wie auch die verwirrende Vielfalt von blass bleibenden Freundinnen Thema ist. Zugleich arbeitet sie mit der Patientin daran, Empathie für die Perspektive der betrogenen Anderen zu entwickeln, was der Patientin aufgrund ihrer Selbstfokussierung sehr schwerfällt. Immer wieder ist es nötig, durch Klarifikation und Konfrontation zu verdeutlichen, wie beziehungsschädigend die Patientin vorgeht und wie wenig sie diesen verleugneten Selbstanteil wahrnehmen kann.

In der *Mitte der Therapie* gelingt es schließlich, etwas kohärenter an weniger Beziehungen zu arbeiten und ihre Beteiligung an den Aggressionen zu verdeutlichen, das heißt ihr Eindringen in enge

Freundschaftsnetzwerke, das Abspenstigmachen von romantischen Partnern ihrer besten Freundinnen. Im Verlaufe dieser Phase werden die diffusen Beziehungen und ihre Beteiligung am Entstehen und Zerbrechen von Beziehungen immer wieder durchgearbeitet. Die von der Patientin erzählten Geschichten haben etwas Ermüdendes, nicht nur durch die Austauschbarkeit der Objekte, sondern auch durch die Qualität, wie Beziehungskonflikte erzählt werden. Die Therapeutin kann Julia spiegeln, dass diese von Ereignissen, die sie selbst und ihre Beziehungen betreffen, aus einer Beobachterperspektive als quasi völlig Unbeteiligte spricht und dass die Erzählungen wenig emotionale Resonanz spüren lassen. Die Patientin beginnt zu verstehen, dass es Aspekte ihrer Identität gibt, die nicht gut entwickelt sind und das Selbst in Beziehungen betreffen (Seiffge-Krenke, 2012).

Julias Aussehen und ihr Auftreten verändern sich. Das früher brav wirkende Mädchen mit einem eher konservativen Kleidungsstil beginnt sich zu schminken, kleidet sich modern, lässt sich rote Strähnchen in ihr schwarzes Haar machen und wird in ihrem gesamten Erscheinungsbild zu einer attraktiven Jugendlichen. Diese Veränderung nimmt in den begleitenden Elterngesprächen einen großen Raum ein und lässt die Eltern regelrecht panisch reagieren. Besonders der Vater wirft seiner Tochter vor, sie kleide sich »wie eine Nutte«.

In den begleitenden *Elterngesprächen* werden Horrorszenarien geschildert, in denen die Tochter und die ganze Familie enden werden. Begleitet sind die Schilderungen der Eltern von einer Atmosphäre diffuser und intensiver Angst. Immer wieder bedarf es in diesen Gesprächen der Einführung des Realitätsprinzips und der Realitätsüberprüfung hinsichtlich der Katastrophenfantasien der Eltern. Die Tochter scheint das Eheleben selbst bis ins Bett der Eltern zu dominieren. Die Mutter nimmt offen sowie heimlich an den Beziehungen und der Sexualität der Tochter, allerdings mit Sorge und Entsetzen, teil. Die Tochter scheint einerseits genervt von diesem Verhalten der Mutter und sich andererseits darüber zu amüsieren. Versuche, die sich andeutende sexuelle Problematik der Eltern zu thematisieren, die durch die erwachende Sexualität der Tochter verstärkt wird, scheitern.

Im *letzten Drittel der Behandlung* wird zunehmend Julias Beteiligung am Zustandekommen der vielfältigen aggressiven Auseinandersetzungen, auch mit den Eltern, thematisiert und durchgearbeitet. In der letzten Phase der Therapie hat Julia einen Freund, mit dem ihr dann auch eine längere Beziehung gelingt. In ihre turbulenten Beziehungen zu gleichaltrigen Mädchen ist eine gewisse Ruhe eingekehrt. Am Ende der Behandlung hat sie eine zunehmende Distanz zu anderen gefunden und Fortschritte in der Selbst-Objekt-Differenzierung gemacht, das Gestalten weniger Beziehungen und ein kohärentes Durchhalten in diesen ist möglich, allerdings in einer Sonderrolle, in der sie noch viel kontrollieren kann (sie als Realschülerin in einer Freizeitgruppe von Hauptschülern).

Die Patientin erlebt sich *am Ende* der siebzig Behandlungsstunden als selbstbewusster und sagt, sie bewältige auch problematische Situationen, wie zum Beispiel die Konflikte mit Freunden und Freundinnen, gut. In ihrem Leben habe sie sich mit ihren Freunden im Jugendclub einen konstanten Freundeskreis aufgebaut, sie habe nun seit knapp vier Monaten den gleichen Freund, der ihr wichtig sei, und in der Schule bekäme sie zunehmend freundschaftliche Kontakte zu einzelnen Mitschülern und einigen Mitschülerinnen. Besonders in der letzten Behandlungsphase wird die Rückkehr zum Modus Unterwerfung versus Kontrolle sehr deutlich, weshalb die Therapeutin unbedingt die Therapie fortsetzen möchte, Julia sich aber verweigert und entzieht und die Therapeutin mehrfach kühl abblitzen lässt: Sie habe das, was sie erreichen wolle, in der Therapie für sich erreicht.

Abschließende Überlegungen mit OPD-KJ-2: An diesem Behandlungsverlauf wurde deutlich, dass der Strukturaufbau von Aspekten des Selbst und die Differenzierung von anderen einen großen Stellenwert hatte. Die Patientin verfügte nicht über ein stabiles, kohärentes Selbst und insbesondere ihre aggressiven Selbstanteile konnten nicht wahrgenommen werden, sondern wurden nach außen projiziert und als bedrohliche Verfolger erlebt. Beide Eltern wiesen ähnliche Muster der angstneurotischen Verarbeitung auf, das heißt der Verleugnung und Projektion von aggressiven Selbstanteilen, und verarbeiteten viel durch den Mechanismus der projektiven Identifizierung, indem sie beängstigende Selbstanteile in andere deponierten. Julia war in der symbiotischen Beziehung zu beiden Eltern gefangen, nutzte ihre Vorrangstellung und Macht jedoch auch aus, indem sie ihre Eltern ängstigte und kontrollierte. Das Ungetrenntsein zwischen Selbst und Objekt, das Julia und ihre Eltern charakterisierte, war auch auffällig in der Beziehung beider Eltern. Die beginnende körperliche Reife führte zu Individuierungstendenzen bei Julia, die jedoch auf große Angst bei beiden Eltern stießen. Obgleich die Thematik ödipal anmutete, blieben die konflikthaften Beziehungen letztendlich dyadisch und waren von einer echten Triangulierung weit entfernt. Therapeutisch war eine sehr lange Arbeit an der Selbstwahrnehmung und der Selbst-Objekt-Differenzierung notwendig.

Besonderheiten in der Elternarbeit:
Die transgenerationale Perspektive

Schon seit den frühen Arbeiten von Anna Freud (1922–1936/1987) ist klar geworden, dass Therapien scheitern, wenn die Eltern des Kindes oder Jugendlichen nicht zur Mitarbeit gewonnen werden können. Die klinische Arbeit mit der Konfliktachse stellt besondere Anforderungen an die Elternarbeit. Die vorangegangenen Therapiefälle und Behandlungen haben immer wieder auf die Bedeutung der Elternarbeit hingewiesen. In diesem Kapitel geht es um elterliche Konflikte als Vorläufer der Konflikte ihrer Kinder und um die transgenerationale Weitergabe von Konfliktmustern, die für Therapeuten eine häufige Erfahrung sind. Insbesondere wenn deutliche Konflikte auf Seiten der Eltern vorliegen, die den kindlichen Konflikten vorausgehen, kann die Strukturierung der Elternfunktionen allein in der begleitenden Elternarbeit nicht ausreichend sein. Möglicherweise muss dann eine Empfehlung für eine eigenständige Therapie der Eltern gegeben werden. Dabei sollten die Eltern in den Elterngesprächen erlebt haben, dass es innerhalb einer therapeutischen Beziehung hilfreich sein kann, sich mit schwierigen und schmerzhaften Themen auseinanderzusetzen. Am günstigsten ist es natürlich, wenn die Eltern (oder ein Elternteil) selbst die Frage nach einer Therapie für sich stellen.

Elterliche Konflikte als Vorläufer kindlicher Konflikte

Dass sich konflikthafte Themen bereits in der frühen Eltern-Baby-Interaktion zeigen, wurde im zweiten Kapitel »OPD-KJ-2 für Babys?« eindrücklich dargelegt. Die OPD-KJ-2 sieht vor, dass sich Konflikte als internalisierte, entwicklungshemmende Konflikte ab der Altersstufe 1 andeuten, dagegen innerhalb der Altersstufe 2 und 3 sicher diagnostizierbar sind. Dabei wird davon ausgegangen, dass elterliche neurotische Konflikte unter anderem eine Bedingung dafür sein können, dass das Kind/der Jugendliche einen internalisierten, entwicklungshemmenden Konflikt ausbildet. Dieser Entwicklungsverlauf lässt sich bei vielen Konflikten beobachten, er wird im Folgenden am Beispiel des ödipalen Konflikts verdeutlicht.

Jaqueline, 17 Jahre: Ödipaler Konflikt, passiver Modus beim Kind, aktiver Modus bei der Mutter

Die 17-jährige Jaqueline wird von ihrer Mutter angemeldet: Die Tochter sei in der Pubertät und alles sei ganz schwierig. Die Therapeutin wundert sich ein wenig, dass eine 17-Jährige noch als pubertierend bezeichnet wird. Im darauf folgenden Elterngespräch erscheint eine seltsame Gestalt, die irgendwie »aus der Zeit gefallen« zu sein wirkt. Die Mutter, eine ganz in schwarze, wallende Gewänder gehüllte, korpulente Frau, die eine merkwürdige Frisur trägt, die etwa vor zwanzig Jahren Mode war, wirkt fast bedrohlich und irgendwie »pervers« auf die Therapeutin. Sie beginnt sofort mit endlosen Klagen über das schwierige »Kind«. Sie schildert fast panikartige Zustände, die sie die ganze Woche über habe und die mit ihrer Tochter zu tun hätten und die Freitag abends einen Höhepunkt erreichten, wenn die Tochter zur Tanzstunde gehe. Ihre Tochter sei einfach nicht zu bewegen, aus dem Haus zu gehen, besuche nur mit Mühe die Tanzstunde und habe kein Interesse an Jungen, insbesondere nicht an dem, der ihr Tanzstundenpartner sei. Dabei seien die beiden ein schönes Paar, und wenn sie ein Paar würden, wäre die Mutter beruhigt und alles wäre gut. Die Tochter wolle aber partout nichts von dem jungen Mann wissen. Dieser habe neulich die Tanzstunde abgesagt unter fadenscheinigem Vorwand (wie die Mutter meint), da sei sie (die Mutter) an seinem Elternhaus vorbeigefahren, um zu schauen, ob das eine Ausrede sei oder er wirklich nicht da sei. Die Therapeutin beschleicht das ungute Gefühl, dass die Mutter die beiden unbedingt verkuppeln wolle. Es ist ihr unklar, warum die Mutter ein so unangemessenes Interesse an der Sexualität ihrer Tochter hat. Deutlich wird in jedem Fall, dass die Auseinandersetzung mit der Tochter sehr stark mit der Mutter selbst, ihrer Sexualität und möglicherweise auch ihrer eigenen Adoleszenz zu tun hat, denn die Mutter schildert noch mehrere Situationen, in denen es immer darum geht, die Tochter mit anderen Männern zusammenzubringen, ja sie regelrecht zu zwingen, Kontakt mit jungen Männern in ihrem Alter aufzunehmen. Die Mutter macht ihr Vorschriften, wie sie sich, um dieses Ziel zu erreichen, zu kleiden habe. Im Übrigen kontrolliert sie auch, wie viel Schulbrot die Tochter isst, und beklagt, dass diese zu wenig trinke.

Während bei der Mutter der ödipale Konflikt deutlich im aktiven Modus vorherrscht, wird bei der Tochter, die in den folgenden Gesprächen erscheint, der passive Modus deutlich. Er ist aber insgesamt wesentlich schwächer ausgeprägt, weshalb wir hier den Akzent auf die elterlichen Konflikte als Vorläufer kindlicher Konflikte legen.

Es handelt sich bei Jaqueline um ein altersgemäß entwickeltes Mädchen, das aber als graue Maus, farblos und unattraktiv, daherkommt. Jaqueline sieht ihrer Mutter sehr ähnlich, ist aber schmaler mit einer hübschen Figur. Sie trägt eine nachlässige, unattraktive Frisur und ist ganz in Schwarz und Grau gekleidet. Sie hat eine starke Akne, nicht nur im Gesicht, sondern auch am Körper, die sie aber nicht behandeln lässt. Jaqueline konzentriert sich ganz auf ihre Schulleistungen. Themen wie Ausgehen, Tanzstunde, Freunde sind ihr peinlich, sie schaut beschämt zu Boden, als sie danach gefragt wird, und kann schließlich in weiteren Sitzungen besprechen, wie genervt und kontrolliert sie sich durch ihre Mutter fühlt. Sie interessiere sich nicht wirklich für ihren Tanzstundenpartner, sondern sei schwärmerisch in einen anderen Jungen verliebt, aber davon wisse weder der Junge noch ihre Mutter etwas. Sie habe sich sogar schon überlegt – nur um ihre Mutter ruhigzustellen – eine Beziehung zu dem Tanzstundenpartner einzugehen. Es wird dann deutlich, dass Jaqueline durchaus altersgemäße Freizeitinteressen hat (Hip-Hop, Lesen von Fantasy-Romanen), dass sie aber etwas gehemmt im Umgang mit dem anderen Geschlecht ist und auch keinen entspannten Zugang zu ihrem Körper und ihrer Sexualität hat. Sie findet sich zwar hässlich, hat aber keinen Wunsch nach »Verschönerung«, das heißt, sie lehnt Make-up, attraktive Haarschnitte, Haare färben und Aknebehandlungen ab. Sie schildert sich als dem Vater ähnlich, indem sie sagt: »Der ist auch stiller und an dem hat meine Mutter auch immer was auszusetzen«, und betont, dass sie sich gut mit ihrem Vater verstehe. Darüber sei wohl die Mutter sauer.

Die *weiteren Gespräche* bestätigen, dass die Mutter seit ihrer Adoleszenz große Probleme hat, ihre Sexualität zu leben, und sich einen

Mann gesucht hat, der sie da »in Ruhe ließ«. Zugleich versucht sie
nun das Stück ungelebte Sexualität durch Partizipation bei der Tochter zu erreichen, was in dem unangemessenen Wunsch gipfelt, dass
die Tochter Sexualität mit einem Mann haben soll (was die Tochter
wiederum stark abwehrt). Nahezu alle Beziehungen der Tochter werden auf eine fast unerträgliche Weise sexualisiert. Es ist deutlich, dass
die Tochter einerseits durchaus altersgemäß entwickelt ist und sich
»Zeit lässt«, dass sich andererseits aber eine Verarbeitung des ödipalen Konflikts im passiven Modus entwickelt hat, als Folge der starken Bedrängung durch die Mutter. Die Ausprägung ist zwar gering,
aber eine psychotherapeutische Behandlung im Rahmen einer Kurzzeittherapie ist indiziert, um eine weitere Fixierung zu verhindern.
Insbesondere aber auch, um in den begleitenden Elterngesprächen
einen angemesseneren Umgang der Mutter mit der Sexualität der
Tochter, den Einbezug des Vaters und möglicherweise in der Folge
eine Paarberatung der Eltern zu erwirken.

Da Jaquelines Mutter durch ihren ödipalen Konflikt im aktiven
Modus die Entwicklung eines konflikthaften Themas bei der Tochter unterstützt hat, sollte es neben Sitzungen mit der Tochter, in der
diese zu einem behutsamen und vorsichtigen, wenig angsteinflö-
ßenden Zugang zu sich, ihrem Körper und ihrer Sexualität finden
kann, *Elterngespräche* zunächst mit der Mutter und dann mit beiden
Eltern geben. In diesen Elterngesprächen sollte es in erster Linie
um angemessenes Elternverhalten wie Respekt, Grenzziehung und
Zurücknahme des übergriffigen Verhaltens gehen. Dabei sollte auch
der Vater verstärkt seine Tochter in der Autonomie stützen. Im Sinne
der Strukturachse ist vor allem an der Selbst-Objekt-Differenzierung,
insbesondere mit der Mutter zu arbeiten (»Inwiefern ist Jaqueline
anders als ihre Mutter?«).

Im weiteren *Verlauf der Kurzzeittherapie* geht es darum, die Trennung zwischen der Sexualität der Mutter und des Kindes zu fördern
und die unangemessene Zentrierung der Mutter auf die Genitalien
des Kindes abzubauen (dem Mädchen einen Körper zu geben, der
aus mehr als nur aus sekundären Geschlechtsmerkmalen besteht).
Eine Umorientierung könnte stattfinden, wenn es der Mutter gelingt,
ihre Aufmerksamkeit von der Tochter weg auf sich, auf ihren Mann
und die Paarbeziehung zu lenken. Thema in den begleitenden Eltern-

gesprächen könnte sein, was das (alternde) Paar für sich tun kann, um eine liebevolle und lustvolle Beziehung zu leben. Dazu gehört möglicherweise die Empfehlung einer Paartherapie.

Abschließende Überlegungen mit OPD-KJ-2: Es ist also deutlich, dass der elterliche Konflikt ein Vorläufer des kindlichen Konflikts ist und den kindlichen Konflikt mitverursacht hat. Dies wird in der begleitenden Elternarbeit thematisiert und mündet in die Empfehlung zur Paartherapie. Die Kurzzeittherapie mit der Tochter hat dagegen das Ziel, die Differenzierung von der Mutter, eine Verselbstständigung von den Eltern, den altersgemäßen Zugang zu engen Freundschaftsbeziehungen und romantischen Beziehungen sowie die Integration von sexuellen Bestrebungen in das Körperkonzept zu erreichen. Dabei wird betont, dass die Abwehr (ödipaler Konflikt, passiver Modus) eine positive Funktion gegenüber der bedrängenden Mutter hat, jedoch auch eine starke Lebenseinschränkung bedeutet und einem flexibleren Umgang mit altersentsprechenden Entwicklungsanforderungen Platz machen sollte. Die Therapeutin sollte sich dazu als positiv-weibliches, respektvolles Objekt anbieten, das diesen Prozess begleitet. Die Grenzen müssen gewahrt bleiben und Differenzerfahrungen hervorgehoben werden.

Bei der Fallschilderung wurden elterliche Konflikte als Vorläufer kindlicher Konflikte massiv deutlich, während das Kind/der Jugendliche erst am Beginn der Ausbildung eines Konflikts im Sinne der OPD-KJ-2 stand. In der folgenden Schilderung eines Patienten und seiner Behandlung geht es um ein intergenerationales Konfliktthema, das auch beim Kind bereits zu deutlichen entwicklungsbehindernden Problemen und Symptomen geführt hat, die das »Familienthema« aufnehmen. Im klinischen Alltag beobachtet man tatsächlich immer wieder, dass bestimmte Konfliktthemen in manchen Familien gehäuft auftreten und über mehrere Generationen tradiert werden.

Es wird eine Familie geschildert, in der die Mutter schon seit ihrer Kindheit den aktiven Modus des Konflikts Unterwerfung versus Kontrolle entwickelte, während im Elternhaus, besonders in Person des unzuverlässigen, verwahrlosten Vaters ein passiver Modus deutlich wird. In der Partnerwahl entscheidet sich die Mutter für einen Mann, der in Bezug auf den Konflikt Unterwerfung versus Kontrolle ebenfalls den passiven Modus verfolgt. Sie wird dann später bei ihrem Sohn, dessen Einkoten unter anderem Anlass für die Vorstellung beim Therapeuten ist, verstärkt mit ihrem Kontrollbedürfnis konfrontiert, während der Sohn mit passiver Verweigerung und Trödeln deutliche Anzeichen für das Vorliegen eines passiven Modus der Verarbeitung dieses Konfliktthemas zeigt. Es ist eindrucksvoll zu beobachten, wie in der begleitenden Elternarbeit dieses Konfliktthema und seine über mehrere Generationen tradierte Verarbeitung nachvollziehbar und damit eine wesentliche Voraussetzung geschaffen wird, dass die in der Therapie gewonnenen Einsichten und Fortschritte auch zu Hause umgesetzt werden können.

Rafael, fünf Jahre: Unterwerfung-versus-Kontrolle-Konflikt, über mehrere Generationen tradiert

Der fast sechsjährige Rafael kommt in Begleitung seiner Mutter zur *Erstvorstellung*. Rafael wirkt etwas jünger, keinesfalls wie ein Kind, das im Sommer die Schule besuchen soll. Brav beantwortet er zunächst die Fragen des Therapeuten, wirkt aber schnell etwas abgelenkt und uninteressiert und scheint, während die Mutter den Vorstellungsgrund berichtet, kaum zuzuhören.

Diese betont, sie wisse nicht mehr weiter. Rafael kote regelmäßig ein, nachdem er im Alter von drei Jahren eigentlich schon selbstständig auf die Toilette gegangen sei. Im Kindergarten und zu Hause hätten sie schon Verschiedenes probiert, wie feste Toilettenzeiten und auch einmal Abführmittel, ohne dass dies geholfen habe. Nun wolle sie es mit einer Psychotherapie versuchen. Als aktuelle Lebensbelastung nennt die Mutter ihre Trennung von Rafaels Vater vor einem halben Jahr. Die Einkotproblematik habe aber schon Monate zuvor bestanden. Sie sei nun allein erziehend und halbtags berufstätig. Die Kinder, Rafael und seine neun und elf Jahre alten Schwestern, besuchten den Vater 14-tägig am Wochenende. Die beiden älteren Schwestern würden die Mutter bei der zeitweise etwas hektischen Tagesgestaltung sehr unterstützen. Rafael hingegen trödele häufig, komme morgens nicht in die Gänge, so dass es schon Streit gebe, bevor man im Kindergarten ankomme. Das Einkoten selbst und die zusätzlich anfallende Wäsche seien zudem eine Belastung. Die Mutter nimmt an, dass Rafael unter der Trennung vom Vater am meisten leide.

Zur *biografischen Anamnese* berichtet die Mutter, dass Rafael sich bis dahin weitgehend unauffällig entwickelt habe und vom Kinderarzt eine somatische Verursachung seines Einkotens ausgeschlossen worden sei. Aufgrund feinmotorischer Schwierigkeiten, »weil er immer etwas langsam gewesen sei«, habe er ein halbes Jahr Ergotherapie erhalten. Vom Temperament gleiche er seinem Vater; die beiden älteren Schwestern kämen auf die Mutter und hätten alle Entwicklungsschritte schnell genommen.

Zur *eigenen Geschichte* berichtet die Mutter, dass sie aus einer Familie mit »starken Frauen« stamme, an den Vater habe sie kaum Erinnerungen, der habe früh die Familie verlassen. Aus Erzählungen der eigenen Mutter wisse sie, dass er wohl viel Alkohol getrunken habe und spielsüchtig gewesen sei. Sie sei die jüngste von drei Schwestern gewesen und schon früh daran gewöhnt, die Mutter zu unterstützen. Sie könne gut organisieren und habe den »Takt der Familie« im Alltag vorgegeben. Ihr Exmann habe immer gewitzelt, dass sie seine Termine besser im Kopf habe als er selbst. Das Verhältnis zum Vater der Kinder sei auch zuvor durch unterschiedliche Erziehungsvorstellungen belastet gewesen. Sie sei die Strengere gewesen, der Vater habe gern mal was durchgehen lassen und die Kinder verwöhnt. Im weiteren Verlauf gelingt es der Mutter, die unterschiedlichen Seiten ihres Exmannes zu beschreiben. Anfangs sei sie aufgrund seiner Art, »das Leben leicht zu nehmen«, sehr beeindruckt gewesen und habe es selbst genossen, »mal fünf gerade sein zu lassen«. In den letzten Jahren sei ihr zunehmend seine Unzuverlässigkeit aufgestoßen, sie hätten sich wegen der Erziehung der Kinder häufig gestritten und sie habe sich nie darauf verlassen können, dass er die Absprachen mit ihr eingehalten habe. Auf ihre Vorhaltungen hin habe er noch weniger kooperiert und ihr vorgeworfen, dass sie ihn einenge. Aufgrund einer Affäre ihres Mannes mit einer Arbeitskollegin habe sie schließlich die Beziehung beendet und ihn vor die Tür gesetzt. Auch heute noch nerve es sie, wenn der Vater die Kinder an den Besuchswochenenden nicht pünktlich abhole oder zurückbringe.

Im *Kindergarten* werde Rafael eher als braves, weitgehend unauffälliges Kind beschrieben. Allerdings entziehe er sich auch dort den Gruppenanforderungen, wie zum Beispiel Tisch abräumen. Er trödle, wenn er sich die Zähne putzen oder die Schuhe anziehen solle. *Zu Hause,* berichtet die Mutter, »könne er sie zur Weißglut treiben«, da er nie richtig zuhöre und man ihm alles »dreimal sagen« müsse, was er dann in »einer Gemütsruhe« erledige; gerade dann, wenn sie in Eile sei. Der passive Modus des Konflikts Unterwerfung versus Kontrolle ist also bei Rafael deutlich spürbar.

Im *Verlauf der psychotherapeutischen Behandlung* zeigt sich Rafael als angepasstes, jünger wirkendes Kind, welches anfangs wenig Eigeninitiative entwickelt. Thematisch zeichnet sich zunächst eine Belastung durch die Trennung vom Vater ab, der von Rafael als weniger fordernd, aber wohlwollend bis verwöhnend wahrgenommen und beschrieben wird. Hinsichtlich seines Einkotens wirkt Rafael wenig belastet und ohne Veränderungsmotivation. Im Verlauf der Therapie arbeitet er an Verabredungen hinsichtlich der Toilettengänge im Kindergarten und zu Hause mit, setzt diese Absprachen jedoch insbesondere zu Hause nicht um.

Erst nachdem der Mutter die Ähnlichkeit, die sie zwischen Rafael und ihrem Exmann erlebt, bewusst wird, ist sie in der Lage, den auf Rafael projizierten Ärger über die Unzuverlässigkeit des Exmannes zu verstehen und abzubauen. In der Folge gelingt es ihr, weniger fordernd und drängelnd zu sein und Rafael mehr in seiner »Langsamkeit« zu akzeptieren. Erst dann lässt sich Rafael auch zu Hause auf die Verabredung zur Regulierung seiner Toilettengänge ein. Mit der verbesserten Interaktion verschwindet die Symptomatik bald ganz und die symptomatische Behandlung kann beendet werden.

Drei Monate später erleidet die Familie einen »kleinen Rückfall« in Verbindung mit einer erhöhten Arbeitsbelastung, weil die Mutter eine erkrankte Kollegin vertreten muss: Sie habe das Gefühl, die Arbeit wachse ihr über den Kopf und sei für sie nicht zu bewältigen. Als Reaktion auf die Anstrengung der Mutter, die nun zu Hause wieder mehr Kontrolle über den Alltag der Kinder auszuüben beginnt, und aufgrund ihrer Angespanntheit fühlt sich Rafael überfordert und fängt erneut damit an, einzukoten.

Abschließende Überlegungen mit OPD-KJ-2: Als psychodynamisch bedeutsam erwiesen sich im Behandlungsverlauf dieses Fallbeispiels die eigene Lebensgeschichte der Mutter und ihr Männerbild, das sie auf Rafael übertragen hatte. Schon in ihrer Herkunftsfamilie schienen Ordnung und Kontrolle als Strategien zur Abwehr »der Gefahr« eines unzuverlässigen, vermutlich alkoholkranken und spielsüchtigen Vaters gedient zu haben. Die zu Beginn der Beziehung mit Rafaels Vater neu erfahrene Entspannung und Erleichterung durch dessen Art, »es nicht so genau zu nehmen«, hatte mit den gestiegenen Ansprüchen an die Notwendigkeit der Tagesstrukturierung nach der Geburt der Kinder eine erste Enttäuschung erfahren. Mit seiner Affäre hatte sich der Vater vollends dem Kontrollbedürfnis der Mutter entzogen und diese sich in ihrem tradierten Männerbild erneut enttäuscht und bestätigt gesehen. Sowohl ein hohes Maß an Selbstdisziplin als auch das Bestreben, Menschen und Abläufe in ihrer Lebensumgebung zu kontrollieren, waren für die Mutter in der Vergangenheit lebensnotwendig gewesen, um sich gegenüber (erneuten) Verletzungen durch unzuverlässige Bezugspersonen zu schützen.

Im *Sinne der OPD-KJ-2* handelt es sich dabei um einen Unterwerfung-versus-Kontrolle-Konflikt, welcher über mehrere Generationen nachvollziehbar wird und die Interaktion zwischen Rafael und seiner Mutter nachhaltig beeinträchtigt hat. Bei Rafael überwiegt der passive Modus, auf Seiten der Mutter der aktive. Erst nach Durcharbeiten des Geschehens auf Elternebene war es möglich, mit Rafael eine Veränderung der Interaktionsmuster zu bewirken und ihm den nächsten Entwicklungsschritt zu ermöglichen.

In diesem Fallbeispiel ist das Konfliktthema der Mutter deutlich zu erkennen. In ihren bedeutsamen Beziehungen geht es um Unterwerfung und Kontrolle, was lebensgeschichtlich angesichts der Bedingungen in der Herkunftsfamilie allzu gut nachvollziehbar ist. Kontrolle in Beziehungen soll vor unliebsamen Enttäuschungen schützen. Aber auch der Umgang mit sich selbst, ihre rigiden hohen Ansprüche an das eigene Funktionieren, die akribische Organisation und Planung der Tage sowie ihre mangelnde Flexibilität im Umgang mit neuen Situationen weisen auf das Konfliktthema hin. Rafael wächst als jüngstes Kind in der von dem Unterwerfung-versus-Kontrolle-Konflikt geprägten Familienatmosphäre auf. Identifikatorische Aspekte mit dem Vater, aber auch die Temperamentsdisposition mögen dazu beigetragen haben, dass Rafael sich den an ihn gestellten Anforderungen passiv entzieht. Die anfänglich vor allem in der Interaktion mit der Mutter bedeutsame passive Haltung droht mit zunehmendem Alter und zunehmender Verfestigung auch die Beziehungsgestaltung mit anderen und sich selbst zu überlagern. Die passive Verarbeitung des Konfliktthemas Unterwerfung versus Kontrolle wird so auch für Rafaels Erleben und Verhalten bestimmend. Der Schwerpunkt der therapeutischen Intervention musste in diesem Fall die Bearbeitung des Konflikts bei der Mutter sein, um Rafael in der Folge aufgrund der Verhaltensveränderung bei der Mutter ein breiteres Spektrum an Möglichkeiten in der Interaktion mit seinen bedeutsamen Bezugspersonen zu eröffnen. Ein flexibleres Angebot seiner Mutter vermochte er gut und hinsichtlich der Symptomatik erfolgreich anzunehmen. Dies zeigt auch, dass gerade im jungen Alter eine günstige Veränderung des von elterlichen Konflikten überlagerten Interaktionsverhaltens wegweisend für den therapeutischen Fortschritt beim Kind ist.

OPD-KJ-2 in der kinder- und jugend- psychiatrischen Praxis: Anwendung zu Fragen der Jugendhilfe

Die Arbeit in der kinder- und jugendpsychiatrischen Praxis beinhaltet neben der Diagnostik und Therapie psychischer Störungen auch in zunehmendem Maße die beratende Stellungnahme zu Fragen der Jugendhilfe und die Koordination multimodaler Therapieangebote, die über das in der eigenen Praxis angebotene Spektrum hinausgehen. Im Gegensatz zu den niedergelassenen Kinder- und Jugendlichenpsychotherapeuten können wir unsere Patienten oft nicht so regelmäßig sehen, begleiten sie aber über viele Jahre therapeutisch beratend in ihrer Entwicklung und bei den Weichenstellungen im Leben (Kindergarteneintritt, Schulbesuch, Wechsel auf die weiterführende Schule, Empfehlungen zu Maßnahmen der Jugendhilfe). Wenn auch die Durchführung einer umfassenden Diagnostik nach OPD-KJ-2 im kinder- und jugendpsychiatrischen Praxisalltag immer wieder an zeitliche Grenzen stößt und Familien auch mit Fragen zu uns kommen, die sich außerhalb des OPD-KJ-2-Spektrums bewegen, erleben wir doch bei der Therapieplanung und zum besseren Verständnis unserer Patienten gerade bei einem mitunter jahrelangen Verlauf der Behandlung die OPD-KJ-2 in unserer Praxis als hilfreiches Instrument.

So geschieht es regelmäßig, dass der Kinder- und Jugendpsychiater um seine Einschätzung zur Planung von Maßnahmen der Jugendhilfe gebeten wird. Neben den vielen Möglichkeiten der ambulanten Unterstützung Hilfe suchender Familien sind es gerade die Fragen der außerhäuslichen Unterbringung, welche weitreichende Folgen für das betroffene Kind und das Familiensystem nach sich ziehen, auf die wir in diesem Kapitel näher eingehen wollen.

Die Möglichkeiten der außerhäuslichen Unterbringung umfassen unter anderem die Aufnahme in eine Pflegefamilie oder in eine pädagogische Gruppe mit familienähnlichen Bedingungen. In der Regel betreut dort ein Erzieherehepaar eine kleine Gruppe von vier bis fünf Kindern und Jugendlichen im eigenen Haus rund um die Uhr, so dass ein kontinuierliches, familienähnliches Beziehungsumfeld angeboten wird. Im Rahmen des Besuchs einer Fünf-Tages-Gruppe verbleiben die Kinder von Sonntagabend bis Freitagabend im Gruppenverband und besuchen dort auch die Schule. Die Wochenenden und Ferienzeiten aber werden regelhaft in der Familie verbracht. Die vollstationäre Aufnahme eines Kindes in eine Heimeinrichtung hingegen ist mit deutlich weniger Kontakt zur Familie verbunden und bietet bei gänzlich fehlenden familiären Bezügen auch die Versorgung der Kinder und Jugendlichen an den Wochenenden und in Ferienzeiten.

Der Entscheidung für eine Inobhutnahme des Kindes und die Überführung in eine der genannten Jugendhilfemaßnahmen gehen oft langjährige Störungsverläufe voraus. Neben den persönlichen Anteilen aller Beteiligten und den vielfältigen, auch wirtschaftlichen Einschränkungen der Jugendhilfe, mit denen wir uns bei der Wahl einer geeigneten Maßnahme für die Familie auseinandersetzen müssen, betrachten wir das psychodynamische Verständnis der psychischen Störung und des bisherigen Behandlungsverlaufs als ausschlaggebend für die Entscheidungsfindung.

In der OPD-KJ-2 werden die im Folgenden beschriebenen Konflikte, ihre Entstehung und psychodynamische Bedeutung eingehend konzeptualisiert. Im Manualteil erfolgt für jeden Konflikt die anschauliche Beschreibung der Erlebens- und Verhaltensweisen in den Lebensbereichen Familie, Gleichaltrige, Schule und Beruf sowie die Auseinandersetzung mit Krankheit und der Bezug zum eigenen Körper. Die Konfliktdiagnosen in den folgenden Fallbeispielen lassen sich anhand dieser Beschreibungen gut nachvollziehen. Im Text wird der Leser immer wieder den Bezug zu der Darstellung des jeweiligen Konflikts im Manual finden. Wenn ein psychodynamisch bedeutsamer Konflikt vorliegt, ist er in der Regel nicht nur anhand einer prominenten Interaktionsstörung in der Familie oder allein anhand des Verhaltens in der Therapiesituation zu diagnostizieren, sondern muss sich auch in weiteren Beziehungen und Lebensbereichen zeigen.

Nach dem ersten Kennenlernen, dem diagnostischen Interview und dem Eindruck aus der therapeutischen Situation, sei es im Spiel oder im Gespräch, lassen sich die möglichen Konfliktthemen anhand der Beschreibung im Manual eingrenzen. Eine vertiefte Exploration und eine erhöhte Achtsamkeit im therapeutischen Dialog dienen der weiteren Differenzierung des für die Störung psychodynamisch bedeutsamen Konflikts.

Wir möchten zeigen, wie unter Berücksichtigung der Konfliktachse der OPD-KJ-2 die Wahl der individuellen Jugendhilfemaßnahme erleichtert wird und unsere therapeutischen Empfehlungen sowohl den Mitarbeitern des Jugendamtes als auch den betroffenen Familien nähergebracht werden können. Durch eine anschauliche Darlegung der zur Entscheidung führenden Prozesse kann eine Verbesserung des gemeinsamen Handels bewirkt werden. Die Formulierung der Konflikthypothese ermöglicht es Eltern und professionellen Helfern, die psychische Situation des Kindes besser zu verstehen. So erleichtert die OPD-KJ-2 in der Praxis die Kommunikation aller mit der Koordination von Hilfen beteiligter Mitarbeiter deutlich.

Anhand von drei Fallbeispielen aus der kinder- und jugendpsychiatrischen Praxis beschreiben wir unterschiedliche Überlegungen zur Anwendung der OPD-KJ-2-Konfliktachse und wie sich der Behandlungsverlauf durch das grundlegende Verständnis der Psychodynamik auch im Nachhinein gut nachvollziehen lässt.

Dominik, fünf Jahre: Zirkusdirektor und Dompteur der Angst

Der fünf Jahre alte Dominik kommt mit seiner allein erziehenden Mutter zur Erstvorstellung. Dominik ist ein blonder Junge mit mittellangen Haaren, gekleidet in einen Zirkusmantel und mit Zylinder und Peitsche bewaffnet. Als er und seine Mutter in das Untersuchungszimmer gebeten werden, marschiert er vorneweg. Seine Mutter, eine magere, kleine, belastet und sorgenvoll wirkende Frau, schleicht leicht gebückt hinter ihm her. Insgesamt wirkt sie wie eine graue Maus im Vergleich zu ihrem adrett wirkenden Kind. Bevor Dominik sich setzt, besteht er darauf, eine Dressurnummer vorzuführen. Dominik schwingt seine Peitsche und lässt verschiedene wilde Tiere auf die Stühle und über die Tische springen und Männchen machen. Es wird deutlich, dass er sehr aufgeregt ist. Er stellt zum Therapeuten kaum Blickkontakt her, beobachtet ihn aber genau. Der Therapeut hat das Gefühl, dass er geprüft wird, ob er dem Wunsch des Kindes, die Situation zu bestimmen, nachgibt, ob er sich seiner Vorführung zuwendet oder, wie üblich, mit der Untersuchung fortfahren möchte. Die Mutter ist zaghaft bemüht, Dominik zum Sitzen und zur Kooperation zu bewegen, stellt ihre Bemühungen jedoch bald ein, nachdem dieser nicht darauf reagiert. Dann wendet sie sich vermittelnd an den Therapeuten, dass er Verständnis für ihren Sohn habe. Auch sie wirkt sehr vorsichtig und formuliert ihre Bedenken, bezogen auf die heutige Vorstellung beim Therapeuten, indem sie erklärt, dass sie nur auf Anraten des Kindergartens gekommen sei. Sie fürchte, dass bei der Untersuchung »schlechte Testergebnisse« herauskommen würden. Dominik, der sich nach dem Beifall für seine Vorführung nur kurz hingesetzt hat, unterbricht die Mutter während der nachfolgenden Schilderung häufig, rennt im Zimmer des Untersuchers umher, ist von den verschiedensten Spielsachen abgelenkt und kommentiert dies lautstark, immer wieder das Gespräch unterbrechend und die Schilderung seiner Mutter korrigierend.

Die Mutter berichtet, dass der Kindergarten vermute, dass sie eine schlechte Mutter sei, da sie zu wenig Grenzen setze. Dominik sei zwar ein Nachzügler und sehr verwöhnt worden, aber sie wolle ihm auch nicht schaden und sie wisse nicht, wie sie die Regeln durchsetzen solle. Leise, so dass Dominik es nicht hört, berichtet sie auch, dass er verweigere auf die Toilette zu gehen, immer noch Windeln trage, obwohl sie glaube, dass er das eigentlich schon könne. Der Kinderarzt habe bestätigt, dass körperlich alles in Ordnung sei. In diesem ersten Gespräch gelingt es dem Therapeuten nicht, Dominik für eine weitere Zusammenarbeit zu gewinnen. Es kann aber immerhin dahingehend genutzt werden, Ängste bei seiner Mutter abzubauen und einen weiteren Termin zur Untersuchung der vom Kindergarten berichteten Verhaltensauffälligkeiten zu vereinbaren. Diese zeigten sich schon im ersten Kontakt. Dominik ist schnell abgelenkt, reagiert impulsiv, verhält sich motorisch sehr unruhig, kann oder will sich nicht an Regeln und Vereinbarungen halten. Er verweigert häufig Anforderungen, insbesondere, wenn er sich etwas nicht zutraut oder glaubt, es nicht zu können.

Die ebenfalls von der Mutter angesprochenen Auseinandersetzungen mit ihrem Kind werden deutlich spürbar. Der Therapeut bemerkt, welch großer Anstrengung es bedarf, den vorsichtig angeknüpften Kontakt nicht durch ein zu forsches Auftreten, durch zu viel Dominanz zu gefährden und andererseits sein Interesse an dem Geschilderten im Sinne einer positiven Aufmerksamkeit angemessen zu vermitteln. Zunächst scheint die Mutter-Kind-Interaktion, die fehlende Grenzsetzung der offensichtlich durch eine Angsterkrankung stark beeinträchtigten Mutter das Hauptproblem. Erst nach dem Gespräch wird dem Therapeuten seine eigene Anstrengung bewusst, Dominiks Prüfungen zu bestehen und ihn im Kontakt zu halten.

In den Folgeterminen berichtet die Mutter, Dominik sei ihr jüngstes Kind. Er habe zwei ältere Geschwister aus ihrer ersten Ehe, die beide schon volljährig seien. Ihr damaliger Lebensgefährte habe sie von heute auf morgen verlassen. Sie selbst leide seit ihrer Kindheit an Angststörungen. Sie sei insbesondere von ihrem Vater viel geschlagen worden, bis das Jugendamt sie mit fünf Jahren aus der Familie geholt und in einem Heim untergebracht habe. An ihre Eltern könne sie sich kaum mehr erinnern. Diese seien alkoholabhängig gewesen und früh verstorben. In ihrem späteren Leben habe sie mit Männern Pech gehabt. Nach dem Weggang des Vaters der älteren Kinder habe sie zunächst Jahre allein gelebt, dann sei sie mit dem Vater von Dominik zusammengekommen. Dieser habe sich nach kurzer Zeit als Alkoholiker und Choleriker erwiesen. Dominik sei als gesundes Baby zur Welt gekommen, habe aber in den ersten Monaten viel geschrien. Der Vater sei sehr ungeduldig mit dem Kind gewesen. Die Beziehung sei aufgrund mehrfacher gewalttätiger Übergriffe, auch im Beisein des Babys, nach sieben Monaten beendet worden. Seitdem bestehe kein Kontakt mehr zum Vater.

Auf Wunsch der Mutter, die sich mit dem ambulanten Gesprächsangebot überfordert fühlt, erfolgt eine baldige stationäre Aufnahme auf die Mutter-Kind-Einheit einer nahe gelegenen kinder- und jugendpsychiatrischen Klinik. Diese erbringt, trotz des jungen Alters Dominiks, die Diagnosen eines hyperkinetischen Syndroms, einer Enkopresis und einer Enuresis sowie die differenzierte Beschreibung der familiären Interaktionsstörung. Die Mutter schildert, dass sie ihrem Sohn aus Angst, ihn emotional zu verletzen und damit dauerhaft zu schädigen, nicht energisch genug entgegentreten könne, wenn es um Grenzsetzungen gehe. Sie vermag ihre eigenen Kindheitserfahrungen mit den gewalttätigen Eltern und ihre heutigen Ängste in Verbindung miteinander zu bringen und kann, aufgrund der Konzeption von Dominiks hyperkinetischer Störung als biologisch verankerte Disposition, ihr Erziehungsverhalten mehr nach Dominiks Bedürfnissen ausrichten. Die Etablierung einer ambulanten Familienhilfe erfolgt im Anschluss an den stationären Aufenthalt.

Ein kleiner Notfall

Ein Jahr später, die Familie war nach der Klinikbehandlung schon lange nicht mehr in der Praxis vorstellig gewesen, stehen die Mutter und der mittlerweile achtjährige Dominik unangekündigt in der Praxis. Es handele sich um einen Notfall. Dominik habe vermutlich einen Fremdkörper im Auge, welches tatsächlich stark gerötet und fast gänzlich zugeschwollen ist. Er lasse sich aber von dem Augenarzt im gleichen Hause nicht untersuchen. Dieser, so die Mutter, habe es im Guten und im Strengen versucht, doch Dominik lasse nicht mit sich reden. Schnell wird deutlich, dass Dominik große Angst vor der anstehenden Untersuchung hat, da sein Auge sehr schmerzt. Der Kollege war offensichtlich nicht auf Dominiks Schwierigkeiten, in einer solchen Situation die Kontrolle abzugeben, eingegangen. Darüber hinaus wird durch Dominiks eigene unwirsche Schilderung der Beschwerden deutlich, dass er das eigene Verhalten als »babyhaft« erlebt und ihm eine deutliche Scham die Rückkehr in die Untersuchungssituation zusätzlich erschwert. Der augenärztliche Kollege hatte offensichtlich in der Untersuchung auch aufgrund der mütterlichen Zurückhaltung deren Rolle übernommen und damit den Konflikt um die Kontrolle in dieser Situation eher verschärft als Dominik eine Möglichkeit zu eröffnen, über seinen Schatten zu springen. Nun werden hohe Erwartungen an den Therapeuten gerichtet. Ihm kommt sicher der Umstand zugute, dass er die Familie lange nicht gesehen hat und dass Dominik die kindzentrierte psychotherapeutische Behandlung bei einer Kollegin wahrnimmt. Der Therapeut ist in seinen Augen der Berater der Mutter. So ist es ihm möglich, von diesem als »höherer Instanz« ohne Gesichtsverlust ein paar Tipps anzunehmen, um die augenärztliche Behandlung doch noch durchzustehen und in die Praxis zurückzukehren.

Schule oder: Wer hat das Sagen?

Die Einschulung Dominiks erfolgt mit sonderpädagogischer Förderung. Eine kleine Lerngruppe mit Hilfen für seine soziale und emotionale Entwicklung ermöglicht ihm zunächst einen guten Start in der Schule. Nach wenigen Wochen jedoch häufen sich die Meldungen der Lehrerin, dass Dominik sich nicht an die Regeln halte, nicht am Unterrichtsgeschehen teilnehme, häufig aufstehe, die Klasse verlasse oder den Unterricht durch Zwischenrufe störe. Den Kontakt zu anderen Kindern gestalte er meist abwartend und zögerlich, dann versuche er schnell das Spielgeschehen zu dominieren und beende den Spielkontakt sofort, wenn das andere Kind ihm nicht folgen würde. Im Gespräch mit der Lehrerin zeigt sich, dass Dominik in für ihn unüberschaubaren Situationen wie in Pausen und im freien Spiel eher ängstlich und zurückhaltend ist und größere Gruppen meidet. In der strukturierten Unterrichtssituation verhalte er sich gelöster, ziehe aber durch kleinere Störungen immer wieder die Aufmerksamkeit auf sich. Bisweilen glänze er durch außergewöhnlich gute Leistungen im mathematischen Bereich. Insgesamt suche er wenig Kontakt zu anderen Kindern und wenn dann nur zu einzelnen, die sich seinen Wünschen unterordnen würden.

In der kinder- und jugendpsychiatrischen Praxis erfolgt eine Überprüfung seines kognitiven Entwicklungsstandes, welche ein Leistungsvermögen im Bereich der Hochbegabung erbringt. Aufgrund der langjährig und situationsübergreifend zu beobachtenden motorischen Unruhe wird eine Medikation mit Methylphenidat angesetzt, welche insoweit eine Besserung bewirkt, dass der Verbleib in der Schule und in der nachmittäglichen Ganztagsbetreuung erreicht werden kann. Dominik vermag dem Unterricht aufmerksamer zu folgen, sein Störverhalten nimmt ab und seine motorische Unruhe ebenfalls.

Nach Abnahme der schulischen Probleme treten die Auseinandersetzungen mit seiner Mutter wieder mehr in das therapeutische Blickfeld. Jeden Morgen gebe es heftigen Streit um das Aufstehen, die Wahl der Kleidung, das Zähneputzen, den Belag des Pausenbrots und die Einnahme der Medikation. Dominik komme immer häufiger zu spät zur Schule. Die Mutter begleite den Schulweg täglich, doch Dominik setze sich aus heiterem Himmel auf den Boden und verweigere das Weitergehen, manchmal stundenlang. Sobald Dominik dann endlich in der Schule angekommen sei, zeige er sich angepasst und besuche den Unterricht gern. Es gebe keine größeren Schwierigkeiten. Im dritten Schuljahr, im Alter von neun Jahren, nimmt Dominiks Verweigerung zu. Es erfolgt eine weitere stationäre kinder- und jugendpsychiatrische Behandlung, zunächst allein und dann aufgrund der deutlichen Interaktionsproblematik mit der Mutter gemeinsam auf einer Eltern-Kind-Einheit. Dominik hatte zuvor wegen der morgendlichen Auseinandersetzungen mit der Mutter mehrere Wochen lang nur noch stundenweise die Schule besucht.

Der neuerliche stationäre Aufenthalt erbringt neben der Diagnose einer hyperkinetischen Störung des Sozialverhaltens auch die Empfehlung, trotz der guten Kooperation der Mutter eine außerhäusliche Unterbringung in einem heilpädagogischen Heim anzustreben. Dominik allerdings verweigert nach der stationären Behandlung die Fortführung ambulanter Psychotherapietermine und lässt sich nur widerstrebend auf Gespräche zur Überprüfung der Medikation und zur Planung des anstehenden Schulwechsels ein.

Die Frage nach der weiteren Beschulung, die Verweigerung der therapeutischen Angebote und die rasche Zunahme der Streitigkeiten zu Hause veranlassen das Jugendamt, die empfohlene Unterbringung schnell in die Wege zu leiten und sich mit der Frage nach einer kinder- und jugendpsychiatrischen Empfehlung zur Heimaufnahme, auch gegen Dominiks Willen, an die kinder- und jugendpsychiatrische Praxis zu wenden.

Wie kann es weitergehen?

An eine weitere ambulante Therapie ist nicht mehr zu denken und die wenigen Gespräche mit Dominik und seiner Mutter dienen lediglich der gemeinsamen Aufarbeitung des unbefriedigenden Verlaufs. In der Rückschau erlebte der Therapeut Dominik als zunächst sehr unsicheren sechsjährigen Jungen, den es galt mit Samthandschuhen anzufassen. Jede Situation konnte »kippen«, ein unbedachtes Wort seinerseits und Dominik würde den zögerlich aufgenommenen Kontakt abbrechen. In der Rolle des Zirkusdirektors war es ihm möglich, vorsichtig zu testen, was er von dem Therapeuten zu halten habe, andererseits bot ihm die Verkleidung genug Schutz, sein kleines, verunsichertes Selbst vor der Außenwelt zu verbergen. Im weiteren Verlauf wurden die Momente, in denen Dominik sich angestrengt bemühte, groß und stark zu wirken, immer seltener. Dominik wurde in den Gesprächen wortkarger und ließ eher durch seine Blicke eine schmunzelnde Abschätzigkeit erkennen. In der Gegenübertragung wechselten Gefühle von Verärgerung und Mitleid. Die zum Teil verzweifelte Schilderung seiner Mutter über die morgendliche Streitsituation und Dominiks emotionale Abwesenheit in diesen Momenten erweckten im Therapeuten Fantasien über eine kühl berechnende Gewalttätigkeit, die sowohl den Angstszenarien der Mutter als auch den Ängsten vor Kontrollverlust und Unterwerfung seitens Dominik entsprachen.

Nachdenken mit OPD-KJ-2

Nach OPD-KJ-2 lassen sich zwei Konflikte durchgängig beschreiben: Zum einen liegt der Konflikt Unterwerfung versus Kontrolle vor, welcher sich früh in der Interaktion mit der Mutter widerspiegelt. Fast klassischerweise ist auch die Auseinandersetzung um den Toilettengang und die Sauberkeitserziehung bis weit in das Kindergartenalter hinein betroffen. Aber die Diagnose des Konflikts sollte sich nicht nur auf die prominente Interaktionsstörung mit der Mutter beziehen. Das alle Lebensbereiche und Beziehungsangebote dominierende Thema findet sich ebenfalls in Dominiks fehlender Akzeptanz seiner Krankenrolle beim Augenarzt wieder sowie in den anfänglich großen Schwierigkeiten, den Weisungen der Lehrerin zu folgen, und schließlich in der Verschärfung des Ringens um Kontrolle mit seiner Mutter, als es ihm gelingt, sich während der Unterrichtszeit unterzuordnen. Im therapeutischen Raum erlebt der Therapeut die Stunden ebenfalls überladen mit einem ständigen Kampf um das Bestimmen dessen, was gemacht wird und wie etwas gemacht wird, bis hin zur totalen Verweigerung. Die Gegenübertragung schwankt zwischen Vorsicht und Verärgerung. Der Unterwerfung-versus-Kontrolle-Konflikt liegt im aktiven Modus vor. Deutlich sind das Aufbegehren gegen jegliche vorgegebene Ordnung und Regel und das Bestimmenwollen in jeder Beziehung. Bei der sicher auch vorhandenen biologischen Disposition (ADHS, Impulskontrollstörung) ist psychodynamisch das aus der Angsterkrankung der Mutter resultierende, fehlende Grenzen setzende Verhalten eine weitere Bedingung für die Entstehung des Unterwerfung-versus-Kontrolle-Konflikts. Unter Medikation ist es Dominik möglich, am Schulunterricht teilzunehmen und seine aggressiven Impulse zu steuern.

Eindeutig besteht zum anderen ein Selbstwertkonflikt, der Dominiks Möglichkeiten, sich auf Hilfsangebote einzulassen und offen mit anderen in Kontakt zu treten, deutlich beeinträchtigt. Der Selbstwertkonflikt tritt eher gemischt passiv-aktiv auf. Gerade anfangs sind die Bemühungen Dominiks, den befürchteten Selbstwerteinbruch zu überspielen, auch in den Untersuchungssituationen klar nachvollziehbar. Seine Zirkuskunststücke bieten einen grandiosen Schutz vor dem Gespräch über seine Schwierigkeiten. Später lässt Dominik sein Gegenüber eher durch eine spöttisch überlegene Haltung die Entwertung spüren. Der Selbstwertkonflikt bei Dominik äußert sich in dem konkurrierenden Umgang mit seinen Mitmenschen und den übermäßig ausgeprägten Anstrengungen, seinen Selbstwert zu regulieren. Es muss schon ein ganzes Rudel wilder Tiere auf seinen Befehl hin durch das Behandlungszimmer jagen, bevor er sich auf ein Gespräch einlassen kann. In der Schule vermag er aufgrund seiner besonderen Begabung zu bestehen, verweigert sich aber oft genug gänzlich, wenn er befürchtet, etwas nicht zu können. Eine ergotherapeutische Behandlung wird von ihm abgebrochen, da eine Auseinandersetzung mit den eigenen Einschränkungen die Aufrechterhaltung seines mühsam stabilisierten Selbstwerts bedroht. Wechselseitige Freundschaften können nicht entstehen, Dominik hat Angst vor einem Selbstwerteinbruch und Schamerleben.

Mit Hilfe der OPD-KJ-2-Diagnostik lässt sich Dominiks Struktur in der Dimension Steuerung als insgesamt eingeschränkt integriert beschreiben. Hinsichtlich seiner Selbstwertregulation ergeben sich konfliktbedingte Einbrüche. Eine gute Integration wird im Bereich der Identität beschrieben. Sowohl Selbsterleben, Selbst-Objekt-Differenzierung als auch Objekterleben sind allenfalls aufgrund konfliktbedingter Einbrüche vorübergehend eingeschränkt. Insgesamt verfügt Dominik über eine gute bis gering eingeschränkte Integration auf struktureller Ebene, was als deutliche Ressource angesichts des bisher beschriebenen, dramatischen Verlaufs gewertet werden kann. Hinsichtlich der Behandlungsvoraussetzungen kann sowohl die Therapie- und Veränderungsmotivation der Mutter als auch die Kenntnis und die Inanspruchnahme der externen Hilfsangebote über die Jahre hinweg als gute Ressource genannt werden. Als weitere individuelle Ressource ist sicher auch die Hochbegabung zu nennen.

Die doch schwerwiegenden und deutlich beeinträchtigenden psychischen Auffälligkeiten in seiner bisherigen Entwicklung sind nach dieser Einschätzung auf das Vorliegen der beiden oben genannten Konflikte zurückzuführen. Diese haben in ihrer Kombination Dominiks Teilhabe am Leben dermaßen beeinträchtigt, dass einerseits zwei stationäre Aufenthalte erfolgten und andererseits eine dauerhaft begleitende Pharmakotherapie und die Durchführung einer psychotherapeutischen Behandlung sowie die Etablierung einer ambulanten Familienhilfe erforderlich waren, um Dominiks schulische und soziale Desintegration zu verhindern, ohne dass dies vollständig gelingen konnte.

Den letzten stationären Aufenthalt empfand Dominik als schwere narzisstische Kränkung. Daraufhin brach er die therapeutischen Angebote ab. Im Gespräch mit dem Jugendamt formuliert er eindeutig, dass er nicht der Empfehlung der Klinik zur Aufnahme in ein heilpädagogisches Heim folgen werde. Das Jugendamt wendet sich nun mit der Frage nach dem weiteren Vorgehen an die Praxis für Kinder- und Jugendpsychiatrie. Mit der Erörterung beider Konflikte wird nachvollziehbar, warum sich Dominik nicht auf die von der Klinik zunächst geplante Heimaufnahme einlassen konnte, ohne dass dies zu einer deutlichen Verschlechterung seiner psychischen Situation, einem krisenhaften Einbruch führen würde. Mit Erkennen der Dynamik des Unterwerfung-versus-Kontrolle-Konflikts wurde hier erreicht, dass sich die Positionen von Familie und amtlichem Helfersystem nicht verhärteten. Dominik wurde in seiner Notlage wahrgenommen und mit einem dankenswert flexiblen Angebot konnte ihm der Weg zu einer guten Entwicklung bereitet werden.

In der Gesamtwürdigung der anhand der OPD-KJ-2 erfolgten Diagnostik empfahlen wir dem Jugendamt die ungewöhnliche Vorgehensweise, den Besuch eines Internats mit integrierter Hochbegabtenförderung zu finanzieren. Angesichts der guten Ressourcen Dominiks erschienen uns die Distanzierung vom familiären Beziehungsgeflecht und die Verteilung der Elternfunktionen auf die verschiedenen Lehrer und Betreuer einer Internatseinrichtung geeignet, den Konflikt etwas ruhen zu lassen. Darüber hinaus sollte Dominik die Möglichkeit eröffnet werden, im Rahmen der Hochbegabtenbeschulung und unter der Vermeidung einer weiteren narzisstischen Kränkung sein Selbstwerterleben zu stabilisieren und sein kognitives Leistungspotenzial auszuschöpfen. Dominik vermochte, trotz seiner zunächst ablehnenden Haltung, aufgrund der »Auszeichnung«, ein spezielles Internat mit anderen gesunden Kindern besuchen zu können, das Angebot für sich anzunehmen. Die regelmäßigen Wochenendbesuche, aber auch die Möglichkeit, ein Wochenende im Internat bleiben zu können, boten Dominik und seiner Mutter, die weiterhin in therapeutischer Begleitung blieb, genug Abstand, um sich in der Woche von den immer weniger heftig geführten Auseinandersetzungen an den Besuchswochenenden zu erholen und diese anschließend zu reflektieren.

Dominik heute

Dominik besucht nun im vierten Jahr das Internat und ist inzwischen ein 14-jähriger Jugendlicher. Er nimmt in den Ferienzeiten des Internats kurze Gesprächstermine in der Praxis wahr. Es geht ihm augenscheinlich gut, er besucht die Schule gern, er verzeichnet Leistungen im mittleren Bereich, Klagen kommen weiterhin über seine Unpünktlichkeit, sein Trödeln, sein Vergessen der Hausaufgaben und auch in Bezug auf Termine, die ihm eigentlich selbst wichtig sind. Er wolle weiter auf dem Internat bleiben und seinen Schulabschluss dort machen. Von engen Freundschaften berichtet Dominik auch auf Nachfragen nicht, er komme aber mit den Leuten auf dem Internat gut klar. In der Freizeit bestehen verschiedene Angebote und so ergeben sich unverbindliche soziale Kontakte von selbst. Auf seinen Wunsch wird eine erneute Leistungsdiagnostik durchgeführt, welche den Befund der Hochbegabung bestätigt. Es ist bemerkenswert, dass sich der seinerzeit so verängstigte, unsichere Junge heute freiwillig einer Überprüfung seiner Leistungsfähigkeit mittels eines Testverfahrens stellt.

In diesem Fall hat die ressourcenorientierte Diagnostik der OPD-KJ-2 trotz der schweren psychischen Symptomatik und der deutlich beeinträchtigten Teilhabe am Leben aufgrund der klar zu differenzierenden Konflikte und der guten Struktureinschätzung eine Empfehlung für die Internatsaufnahme erbracht, die nur unter Berücksichtigung der psychodynamischen Zusammenhänge diese Entwicklungsperspektive ermöglichte.

Sebastian, sechs Jahre: Es könnte alles so schön sein -- unerfüllte Versorgungswünsche

Der fast sechs Jahre alte Sebastian kommt in Begleitung der Mutter zur Erstvorstellung. Sie berichtet, er könne sich nicht anpassen, verweigere alles und suche den Streit mit ihr. Er sei aber auch sehr anhänglich, sie könne kaum allein auf Toilette gehen und fühle sich total eingeengt. Dann wiederum ziehe er sich zurück und verweigere das Gespräch. Sie selbst glaube, dass es an ihrem eigenem Verhalten liege, bemerkt sie mit einem grimmigen Blick in seine Richtung. Sebastian wirkt im ersten Termin, als sei er gar nicht richtig anwesend. Ein eher schmaler Junge, unauffällig gekleidet, den Blick zu Boden gesenkt, beantwortet er leise die Fragen des Therapeuten, übernimmt aber keine Initiative. Er zeigt sich deutlich bezogen auf die Mutter und während diese den Grund der Vorstellung schildert, steht er auf, schmiegt sich an sie, versucht ihre Aufmerksamkeit zu erlangen und die Schilderung der täglichen Streitsituation zu Hause zu unterbrechen. Hier wird die emotionale Belastung Sebastians deutlich. Es ist ihm unangenehm, dass so viel Negatives über ihn berichtet wird, und er hat Tränen in den Augen. Die Mutter lässt ein deutliches Genervtsein spüren und weist ihn mehrfach zurecht, dass er sich wieder auf seinen Platz setzen solle. Sie spricht ihn dabei eher wie einen Erwachsenen als wie ein Kind an. Der Therapeut empfindet neben Mitleid für Sebastian eine gewisse Verwunderung über die Schroffheit und Zurückweisung seitens der Mutter. Im weiteren Verlauf des Gesprächs stellt sich aber auch bei ihm das Gefühl ein, dass die Anamneseerhebung irgendwie zäh vorankommt, da Sebastian häufig die Aufmerksamkeit sucht und an ihn gerichtete Fragen umständlich und langsam beantwortet. Kaum ist der Therapeut dabei, eine Frage an die Mutter zu stellen, fällt Sebastian noch etwas ein, was unbedingt gesagt werden muss, sich letztlich aber doch nicht auf das Thema bezieht. Dabei wirkt er nicht impulsiv, sondern eher anhänglich und vereinnahmend. Die vereinbarte Zeit für das Gespräch ist schnell vorüber, ohne dass alle Fragen zur Anamnese beantwortet werden konnten. Die Mutter muss ein zusätzliches Mal allein kommen. Sebastian trennt sich auch in den Folgeterminen nicht von ihr, so dass die Bezugstherapeutin mehrere Anläufe braucht, die besprochene Entwicklungsdiagnostik mit Sebastian allein durchzuführen.

Zwei Geschichten des Mangels

Im Rahmen der Anamnese thematisiert die Mutter, dass sie viel Stress in der Schwangerschaft gehabt habe, sie sei seinerzeit 17-jährig von der Schule geflogen und ihr damaliger Freund, der Vater des Kindes, habe sich von ihr getrennt. Sie habe zwei Packungen Zigaretten täglich geraucht. Die Geburt sei trotzdem komplikationslos verlaufen und Sebastian sei anfangs ein ruhiges, pflegeleichtes Kind gewesen. Laufen habe er mit zwölf Monaten gelernt, der Beginn der Sprachentwicklung sei mit 24 Monaten verzögert gewesen. Als Sebastian etwa 18 Monate alt gewesen sei, habe die Mutter Drogen ausprobiert und ihn häufig abgeschoben. Er sei in seinen ersten zwei Lebensjahren viel von der Oma versorgt worden. An Erkrankungen werden Bronchitis, Pneumonie und Asthma-Anfälle, welche regelmäßig zu Krankenhausaufnahmen führen, genannt.

Anfangs sei er gern in den Kindergarten gegangen, jedoch sei dieser zurzeit schlecht geführt. Nach dem Weggang seiner Lieblingserzieherin gehe er nicht mehr gern hin, sei deswegen lange motzig gegenüber seiner Mutter gewesen. Seit etwa drei Jahren lebe sie mit ihrem Freund zusammen. Dieser habe einen etwas älteren Sohn, den sie aufgrund der Berufstätigkeit ihres Freundes ebenfalls betreue. Sebastian sei immer noch sehr eifersüchtig und achte darauf, dass der andere nicht mehr bekomme als er. So seien sie schon lange dazu übergegangen, zum Beispiel Geburtstagsgeschenke für genau den gleichen Geldbetrag zu kaufen, um kein Drama auszulösen.

Während die Mutter über Sebastian berichtet, bemerkt sie unvermittelt, sie habe sich in den ersten Monaten von Sebastian als Baby sehr eingeschränkt gefühlt. Die Schule habe sie abgebrochen, sie habe keinen festen Partner gehabt, der Kindsvater habe sich nicht gekümmert, sie sei überfordert und allein gewesen. Obwohl sie kein gutes Verhältnis zu ihrer eigenen Mutter gehabt habe, sei es immer noch leichter gewesen, das Baby bei ihr zu lassen, als auf alles zu verzichten. Sie sei an die falschen Freunde geraten, habe Drogen ausprobiert, Ecstasy, LSD, Speed, alles, was sie aufgeputscht habe. Die Mutter beschreibt ihre eigene Kindheit als »wenig liebevoll«. Sie habe schon als Jugendliche den Haushalt schmeißen müssen. »Ich habe bis dahin immer gekuscht und alles gemacht, was die Eltern wollten.« Mit 16 habe sie dann die »Sau herausgelassen«: Sie habe geklaut, sei auch eingebrochen und von zu Hause abgehauen.

In den ersten Zusammentreffen vermittelt sich eine große Bedürftigkeit sowohl von Sebastian als auch seiner Mutter, die den zusätzlichen Termin nutzt, um sich den Frust von der Seele zu reden. Schnell etabliert sich ein guter Kontakt. Die Schilderung der Mutter, die angemessene Reflektion ihrer eigenen Rolle und der Wunsch nach Hilfe vermitteln sich dem Therapeuten. Dem Wunsch nach wöchentlichen Psychotherapieterminen wird angesichts des deutlichen Leids und aus dem Gefühl heraus, dass die Familie dringend viel Unterstützung braucht, rasch entsprochen. Sebastian kommt zunächst gern und nimmt das Angebot der Psychotherapie freudig an. Nach wenigen Wochen werden allerdings die angebotenen Folgetermine von der Familie nicht mehr wahrgenommen.

Ein kleiner Notfall

Etwa ein Jahr später kommt die Mutter wutentbrannt mit Sebastian ohne Termin in die Praxis. Sie fordert die Wiederaufnahme der Behandlung, da sich nichts geändert habe. Sie habe geglaubt, dass sie allein zurechtkommen würden, nachdem es eine Zeitlang gut gegangen sei. Sebastian sei schon seit über zwei Jahren trocken, sie habe in der vergangenen Woche wieder angefangen voll zu arbeiten. Sie habe lange darauf warten müssen, einen besser bezahlten Job zu bekommen, und jetzt mache er wieder ins Bett. Das mache er nur, um sie zu ärgern.

Dann erfährt der Therapeut, dass die Mutter erneut schwanger gewesen sei. Ihr Partner sei gegen ein weiteres Kind gewesen, da sie sich das nicht hätten leisten können. Aufgrund des Schwangerschaftsabbruches hätte sie die Termine in der Praxis nicht weiter wahrgenommen. Die Mutter hatte nicht verstanden, welche Bedürftigkeit hinter der Einnäss- und Verhaltensproblematik Sebastians steht.

Schule und das Geben

Eine weitere Vorstellung erfolgt als Sebastian acht Jahre alt ist. Diesmal wird er aufgrund von zunehmend schlechteren Leistungen in der Schule, einer mangelnden Anstrengungsbereitschaft und einer leichten Ablenkbarkeit vorgestellt. Er arbeite nur langsam und unordentlich und sei unselbstständig. Auch zu Hause sei er störrisch, mürrisch und reizbar. Er schmolle viel, weine und sei sehr verschlossen. Nach der letzten Vorstellung sei es etwas besser gewesen. Sie habe bewusst versucht, mehr Zeit mit Sebastian zu verbringen. Vor zwei Jahren sei die Einschulung erfolgt. Es habe auch gut begonnen und Sebastian sei nach anfänglichen Trennungsschwierigkeiten gern gegangen. Auch in der Schule sei er nach Angaben der Lehrerin eher still und zurückgezogen. Erst dann berichtet die Mutter, dass sie erneut schwanger geworden sei und sie diesmal das Kind zur Welt gebracht habe. Die gemeinsame Tochter sei nun ein Jahr alt.

Aufgrund der schulischen Probleme erfolgt eine Überprüfung seiner kognitiven Leistungsfähigkeit, welche insgesamt einen Befund im Durchschnittsbereich erbringt. In der Einzelsituation zeigen sich keine Hinweise auf die im schulischen Umfeld beobachtete Aufmerksamkeitsstörung. Im Rahmen der kinderpsychiatrischen Untersuchung wirkt Sebastian traurig und niedergeschlagen, er thematisiert, dass er sich in der Schule nicht wohl fühle, aber dass es auch zu Hause mit der Mutter und dem Stiefvater häufiger Streit um die Hausaufgaben gebe, die er erbringen solle. Er fühle sich schlecht behandelt. Die Geschwister würden bevorzugt.

Wenn alles nichts hilft …

Die vereinbarten Folgetermine nimmt die Familie wieder nicht wahr. Die nächste Nachricht, die die Praxis erreicht, kommt aus der nächstgelegenen Klinik für Kinder- und Jugendpsychiatrie über die stationäre Notfallbehandlung von Sebastian. Die erste Reaktion des Therapeuten ist Verärgerung. Die Familie hat sein therapeutisches Angebot abgelehnt und sucht sich Hilfe in der Klinik. Das, was er angeboten hat, ist nicht gut genug. In der Klinik kann die Mutter ihr Problem abgeben und muss sich selbst keine Mühe geben. Sein Mitleid gilt dem Jungen. Seine Gegenübertragung weist klar auf das vorherrschende Konfliktthema hin: Selbstversorgen versus Versorgtwerden.

Die deutlich gedrückte Stimmungslage habe sich weiter verschärft. Sebastian sei tagelang in seinem Zimmer geblieben, habe begonnen sich ins Gesicht und auf den Kopf zu schlagen. Im Streit habe er zur Mutter gesagt, dass er sich hasse und sterben wolle, in der Klinik seien Streitereien mit der kleinen Schwester und die schlechten schulischen Leistungen als akute Belastung angegeben worden. Über den Behandlungsverlauf wird wie folgt berichtet: Sebastian habe sich zunächst nur unsicher und zurückhaltend, wenig selbstbewusst in die Patientengruppe integrieren können. Die anfänglich deutlich traurige, bedrückte Stimmungslage habe sich innerhalb weniger Tage stabilisiert. Nach einer Eingewöhnungsphase sei er in der Lage gewesen, gut mit den Patienten in Kontakt zu treten. In den Auseinandersetzungen mit Sebastian, in denen es meist um Absprachen gehe, reagiere er bei Zurechtweisung oft verletzt und verzweifelt, ziehe sich in sich zurück und sei über längere Zeit nicht zu erreichen.

Sebastian erlebte die Einschränkung durch die Regeln als Zurückweisung und ungerechte Behandlung. Erst nachdem er von der Gleichheit der Anwendung der Stationsregeln auf alle Mitpatienten überzeugt war, gelang es ihm besser, diese zu akzeptieren und positive Erlebnisse nicht über eine Sonderbehandlung, sondern durch die Teilnahme an gemeinsamen Aktivitäten zu erlangen. Im Rahmen der Probebeschulung während des Klinikaufenthalts ergaben sich Hinweise auf das Vorliegen einer Konzentrations- und Aufmerksamkeitsstörung, die seine Lernmöglichkeiten und die Teilnahme am Unterrichtsgeschehen in Kleingruppen deutlich behinderte, so dass noch in der Klinik eine Methylphenidatmedikation begonnen wurde. Trotz der guten Entwicklung Sebastians im Rahmen des stationären Aufenthaltes zeigte sich die Mutter mit dem Herannahen des Entlassungszeitpunkts damit überfordert, ihn wieder zu Hause aufzunehmen. Unter Einschaltung des Jugendamtes wurde seitens der Klinik die Unterbringung in einem heilpädagogischen Heim aufgrund der erschöpften familiären Ressourcen und der deutlichen emotionalen Störung Sebastians initiiert.

Therapeutische Begleitung der Rückführung

Wieder zwei Jahre später melden sich Sebastian und seine Mutter erneut in der Praxis. Beide wirken gut gelaunt und aufeinander bezogen. Das Jugendamt habe die erneute Vorstellung empfohlen. Sie berichten abwechselnd, dass Sebastian in den zurückliegenden zwei Jahren in einer Wohneinrichtung für Jugendliche etwa 100 Kilometer entfernt vom Wohnort der Familie gelebt habe. Anfänglich seien die Besuchskontakte zu Hause nur 14-tägig erfolgt, in den zurückliegenden Monaten mit dem Ziel der Rückführung in die Familie wöchentlich. Die Situation habe sich völlig verändert, man freue sich nun aufeinander und Sebastian sei glücklich, wieder in die Familie zurückzukönnen. Er verstehe sich mit seinem Halbbruder und der jüngeren Schwester gut. Auch das Verhältnis zum Stiefvater sei nun deutlich entspannter. Zurzeit wünschten sie die Vorstellung in der Praxis nur zur Begleitung der Medikation, die Sebastian weiterhin nehme, und um im Notfall einen Ansprechpartner zu haben.

Beim Therapeuten löst diese Schilderung Sorge aus. In der Vergangenheit gab es immer wieder Zeiten, in denen das Miteinander über Monate hinweg reibungslos funktioniert hatte. Belastungen wie die Geburt des Geschwisters und eine stärkere berufliche Beanspruchung – die Mutter hatte zuletzt 52 Stunden in zwei verschiedenen Aushilfsjobs gearbeitet – hatten immer wieder die Beziehung von Mutter und Sohn belastet und bei Sebastian eine Verschärfung der Symptomatik seines Selbstversorgen-versus-Versorgtwerden-Konflikts bewirkt. Die therapeutischen Angebote vermochte die Familie bislang nicht dauerhaft für sich zu nutzen. Die Hoffnung besteht, dass Sebastian älter geworden ist, neue Erfahrungen gesammelt hat und vielleicht allein besser in der Lage ist, die Termine regelmäßig wahrzunehmen.

Nachdenken mit OPD-KJ-2

Das bestimmende Thema in Sebastians Erleben ist der Wunsch nach mehr und das Gefühl, zu wenig oder das Falsche bekommen zu haben. Im therapeutischen Spiel ist Sebastian anfangs erwartungsfreudig, zeigt aber auch wenig Initiative, die Stunden zu füllen. Im Gegenteil, Sebastian erwartet, dass der Therapeut Ideen einbringt und Vorschläge macht. Sein eigenes Spiel wirkt farblos, seine Fantasie eingeschränkt. Kommt jedoch ein Spiel in Gang, fällt es ihm schwer aufzuhören, er möchte mehr davon. In diesen Momenten ist es ihm nicht möglich, sich an die zuvor getroffenen Verabredungen über das Ende der Sitzung zu halten oder den Therapeuten als ein Gegenüber mit eigenen Wünschen wahrzunehmen. Die damit verbundene Anstrengung und das Gefühl, nicht das Richtige anbieten zu können, begleiten den Therapeuten. Auch aus Sebastians Freude wird bald Langeweile und Resignation. Der Selbstversorgen-versus-Versorgtwerden-Konflikt liegt überwiegend im passiven Modus vor. Die Beschreibung im Manual ähnelt den Verhaltens- und Erlebensweisen, die sich aus Sebastians Geschichte herauslesen lassen. Im engen Familienkreis aber auch in der therapeutischen Arbeit zeigt sich die Dynamik am deutlichsten. Gerade enge Beziehungen wecken in ihm die Hoffnung auf das Stillen seiner übersteigerten Versorgungswünsche, die das Beziehungsgeschehen bald bestimmen und ein flexibles Geben und Nehmen verhindern. Ein Aufbau von Freundschaften gelingt so nicht.

Krankheiten führen zu Regression, verbunden mit gesteigerter Hoffnung auf die Veränderung durch Hilfe von außen. Eine Hoffnung, die bald enttäuscht wird, weil Sebastian die Hilfen nicht für sich nutzen kann und sie das Mangelerleben nicht beseitigen. Unzufriedenheit mit den Angeboten stellt sich ein. Der anfänglichen Begeisterung folgt bald die Enttäuschung. Es gibt zu wenig oder das Falsche.

Äußere Veränderungen, die zu einer befürchteten oder wirklichen Verschlechterung seiner Versorgung führen, verstärken zunächst sein Drängen auf mehr und führen bei Frustration in eine depressive Krise. Die Geburt des Geschwisterkindes, die Aufnahme der Beschäftigung durch die Mutter, aber auch die zunehmenden Ansprüche in der Schule an seine Bereitschaft, selbstständig zu sein und seinen Beitrag zu leisten, verunsichern Sebastian und verschärfen seinen Konflikt.

Die Mutter hat selbst das Gefühl, vom Leben und von ihren Eltern nicht genug bekommen zu haben. Die frühe Schwangerschaft mit Sebastian führte, im Nachhinein betrachtet, zu einer ersten depressiven Episode bei der Mutter, welche sie durch Aufputschmittel und Drogenkonsum zu überbrücken versuchte. Die Teilnahme am Leben, etwas für sich haben, schien ihr seinerzeit die geeignete Flucht vor dem Gefühl, nichts für sich zu haben und von dem eigenen Baby auch noch ausgesaugt zu werden. Die Konfrontation mit der Bedürftigkeit eines Babys und der Notwendigkeit, geben zu müssen, verschärfte die Dynamik ihres Selbstversorgen-versus-Versorgtwerden-Konflikts und überforderte die junge Mutter. So scheint der Selbstversorgen-versus-Versorgtwerden-Konflikt für Sebastian schon im Mutterleib angelegt worden zu sein. Die Mutter achtet weder auf sich noch ausreichend auf den Ungeborenen und raucht vierzig Zigaretten am Tag. Später legen die vielen Krankenhausaufnahmen aufgrund des Asthmas zumindest die Vermutung nahe, dass auch hier eine Mangelversorgung mit den Medikamenten oder im Umgang mit der Erkrankung eine Rolle spielen. Während der Anamneseschilderung kommt die Mutter unvermittelt immer wieder auf ihre eigene Bedürftigkeit zu sprechen, auch hier kommt Sebastian zu kurz.

Als günstig für Sebastian ist zu bewerten, dass ihm die strukturellen Ressourcen (nach OPD-KJ-2 eingeschränkt integriert) prinzipiell zur Verfügung stehen. Es kommt immer wieder zu dramatischen Einbrüchen seiner Möglichkeit, am Leben teilzuhaben. Diese lassen sich aber aus dem Konfliktgeschehen heraus verstehen. Häufig waren reale Einschränkungen der Verfügbarkeit der Mutter und damit die Frustration seiner übergroßen Versorgungswünsche nachvollziehbar an der Entstehung von Krisensituationen beteiligt.

Die Geburt des jüngeren Schwesterchens stellt eine Belastung für die unerfüllten Versorgungswünsche Sebastians dar, da das Thema des Gebens und Nehmens in der Familie durch die Ankunft des Babys eine neue Präsenz erhält. Die Mutter selbst kann im Rahmen der psychotherapeutischen Arbeit ihr Genervtsein hinsichtlich der ständig an sie herangetragenen Wünsche verstehen und realisiert, dass sie die zum Teil mit fünfzig bis sechzig Arbeitsstunden angefüllte Woche nicht nur aus Gründen der »Selbstverwirklichung«, sondern auch als Flucht vor der Konfrontation mit der emotionalen Bedürftigkeit der Kinder wählt. Der materielle Zugewinn der Familie dient als Ausgleich für die sich einstellenden Schuldgefühle, nicht genug versorgt zu haben. Einen weiteren depressiven Einbruch erleidet Sebastian, als er sich in der Grundschule mit neuen Entwicklungsaufgaben konfrontiert sieht. Er soll geben, Initiative ergreifen, Dinge wie Hausaufgaben, Unterrichtsbeiträge, Beteiligung an Gruppenarbeit erledigen.

Sebastian heute

Der Aufenthalt in dem heilpädagogischen Heim war von begrenzter Dauer. Die Rückführung in die Familie kann nun drei Jahre danach als erfolgreich bezeichnet werden. Hierbei mögen verschiedene Faktoren eine Rolle gespielt haben. Im Rahmen der engen, aber nicht familienähnlichen Betreuung gelang es Sebastian zum einen, seine Wünsche nach Versorgung losgelöst von der Mutter an mehrere andere erwachsene Bezugsperson zu delegieren, und zum anderen, in abgeschwächter Form mit der Frustration seiner Wünsche umzugehen. Die Distanzierung von den ständigen Auseinandersetzungen um die Versorgungsleistung der Mutter und von der Konkurrenz zu den Geschwistern, ließen die Virulenz des Konfliktgeschehens etwas in den Hintergrund treten und eröffneten so Räume für die Aneignung sozialer Kompetenzen im Umgang mit Gleichaltrigen und für die Konzentration auf die Erfordernisse des Schulbesuches. Mit mehr Abstand vermochte die Mutter ihre eigene Lebensgeschichte und die Symptomatik Sebastians besser zu reflektieren. Sebastian besucht heute regelmäßig eine psychotherapeutische Einzeltherapie.

Jeremy, sechs Jahre: Auf sich allein gestellt

In diesem letzten Fallbeispiel handelt es sich um den kleinen Jeremy, der mit einer sehr bedauernswerten Geschichte zur Erstvorstellung kommt. Jeremy erscheint im Alter von fast sechs Jahren in Begleitung seiner Mutter und der älteren Schwester Julia, acht Jahre alt, zum Termin. Die Familie wird begleitet von einer Familienhelferin des Jugendamtes. Die Vorstellung erfolgt mit dem Wunsch der weiteren therapeutischen Begleitung des Rückführungsprozesses. Beide Kinder leben erst seit drei Monaten wieder dauerhaft bei der Mutter. Zuvor seien sie fast viereinhalb Jahre im Heim gewesen. Jeremy besuche einen integrativen Kindergarten aufgrund einer allgemeinen Entwicklungsverzögerung. Dort werde über ein motorisch sehr unruhiges, impulsives und Regeln verletzendes Verhalten berichtet. Er könne sich schlecht in die Kindergruppe integrieren und stelle auch nur einen eingeschränkten Kontakt zu den Erziehern her. Man wünsche eine Einschätzung seines Entwicklungsstandes und der vielleicht erforderlichen therapeutischen Maßnahmen. Im Erstgespräch zeigen sich die Mutter und ihre beiden Kinder aufgeschlossen, sehr positiv gestimmt, fast freudig, mit großen Hoffnungen, die sich an das zukünftige gemeinsame Familienleben knüpfen. Es herrscht eine Atmosphäre von erregter Aufbruchsstimmung, die der Therapeut angesichts der hoch belasteten Vorgeschichte nur mit Unbehagen nachvollziehen möchte. Nach dem Gespräch entsteht der Eindruck, dass dem Therapeuten lediglich gezeigt werden sollte, wie gut es allen geht, und dass von ihm die Bestätigung erwartet wird, dass man sich nun keine Sorgen mehr machen müsse. Ein Behandlungsanliegen, außer dem Wunsch nach einer unbestimmten Begleitung, wird nicht formuliert. Zweifel oder Sorgen, zumindest bei der Mutter, kann der Therapeut nicht wahrnehmen, so dass trotz des sehr offenen Auftretens der Familie keine Nähe entsteht. Es gibt keinen Anknüpfungspunkt, den man beim nächsten Gespräch aufgreifen könnte. So dauert es auch Wochen, bis die Mutter mit Jeremy zu einem zweiten Termin erscheint.

Ein Start mit Schwierigkeiten

Zur Anamnese berichtet die Mutter, dass sie von der Schwangerschaft mit Jeremy anfänglich nichts bemerkt habe. Sie sei früher heroinabhängig gewesen, zur Zeit der Schwangerschaft im Methadonprogramm. Sie habe sich trotzdem entschlossen, das Kind zu bekommen. Zu dem Vater habe zum Zeitpunkt der Geburt schon kein Kontakt mehr bestanden. Er sei ebenfalls drogenabhängig gewesen. Jeremy sei vier Wochen zu früh auf die Welt gekommen und aufgrund des Entzugs zwei Monate stationär behandelt worden. In dieser Zeit habe sie ihn jeden Tag besucht. Sie habe allein mit der älteren Tochter gelebt, welche aus einer früheren Beziehung stamme. Nachdem Jeremy vier Wochen zu Hause gewesen sei, erlitt die Mutter einen weiteren Drogenrückfall, welcher eine psychotische Erkrankung bei ihr auslöste. Diese führte zu einer längerfristigen Unterbringung und Behandlung in einer psychiatrischen Einrichtung. Jeremy wurde somit im Alter von sechs Monaten gemeinsam mit der Schwester vom Jugendamt in Obhut genommen und in ein Kinderheim gebracht. Zwei Jahre bestand kein Kontakt zur Mutter. Die Mutter habe nach ihrer Gesundung und mit Hilfe einer therapeutischen Begleitung wieder Kontakt zu den Kindern aufgenommen, erst über Wochenendbesuche, gemeinsam verbrachte Ferienzeiten und anschließend mit dem Ziel der Rückführung in ihren Haushalt.

Zum Zeitpunkt der Erstvorstellung lebt Jeremy schon wieder seit drei Monaten bei der Mutter. Er ist ein kleiner, auch in der Praxis sehr unruhiger Junge, der die Erwachsenen erzählen lässt und neugierig im Zimmer umherspringt. Zur Familienhelferin scheint er einen vertrauensvollen Kontakt zu haben, noch mehr zur Mutter, der er sich auch zwischendurch immer mal wieder auf den Schoß setzt, wenn er das Spielzimmer jeweils nur für kurze Zeit erkundet hat. Aufgrund einer Aussprachestörung ist er schwer zu verstehen, beantwortet die Fragen zurückhaltend und meist nur mit wenigen Worten. Er macht insgesamt einen etwas entwicklungsverzögerten, aber durchaus fröhlichen Eindruck in der ersten Begegnung.

Schule, eine Herausforderung für alle Beteiligten

Im Hinblick auf die anstehende Einschulung im nächsten Jahr wird eine Überprüfung seines Entwicklungsstandes durchgeführt, welcher eine Intelligenz im unteren Durchschnittsbereich erbringt, bei einer deutlichen motorischen Unruhe, erhöhten Impulsivität und Ablenkbarkeit. Die Familie meldet sich zunächst nicht mehr. Erst ein Jahr später, nachdem die sozialpädagogische Familienhilfe beendet ist, erfolgt die Wiedervorstellung. Jeremy besucht mittlerweile die Schule. Dort gebe es große Probleme. Er könne sich nicht an die Regeln halten, stehe im Unterricht häufig auf, gerate schnell in Auseinandersetzungen mit Mitschülern, lasse sich nicht auf die Klassenlehrerin ein und zeige abrupte Stimmungswechsel. Zu Hause – berichtet die Mutter vom vergangenen Jahr – habe es alles in allem ganz gut geklappt. Die Stimmungswechsel habe sie auch beobachtet, sie könne schlecht sagen, was in ihrem Sohn vorgehe. Manchmal habe sie das Gefühl, er lasse sie gar nicht richtig an sich ran. Der Kindergarten habe auch zuvor schon Sorge wegen der Einschulung geäußert, da es Jeremy kaum gelinge, ruhig sitzen zu bleiben. Er besuche die Sprachheilschule in einer kleinen Klassenstärke von nur neun Kindern.

Es erfolgen eine ergotherapeutische Behandlung sowie eine Erziehungsberatung der Mutter, welche jedoch durchaus den Eindruck vermittelt, ein konsequentes und inhaltlich auf Jeremys Bedürfnisse abgestimmtes Erziehungsvorgehen zu bieten und darüber hinaus eine liebevolle tragfähige Beziehung zu ihm aufzubauen. Die Mutter berichtet, dass sie als Kind genau wie Jeremy gewesen sei, sehr unruhig, sehr impulsiv, und dass die Eltern sich immer über sie beschwert hätten, weil sie in der Schule nicht habe sitzen bleiben können. Sie befürchte, dass Jeremy schulisch das gleiche Schicksal erleide wie sie, die es nie zu einem Schulabschluss gebracht habe. Im Zuge der weiteren Entwicklung wird die Diagnose eines ADHS mit Sozialverhaltensauffälligkeiten gestellt sowie der Wechsel von der Sprachheilschule auf eine Förderschule für soziale und emotionale Entwicklung im Rahmen eines Verfahrens zur Feststellung des sonderpädagogischen Förderbedarfs (AOFS) vorgenommen.

Eine Medikation mit Methylphenidat bewirkt im Gruppenkontext und während des Schulalltags eine Abnahme der impulsiv geführten Auseinandersetzungen. Sein Leistungsvermögen und die Konzentrationsfähigkeit sind nach Rückmeldung der Lehrer eher von seiner Stimmung und Motivation abhängig, als dass eine durchgehende Beeinflussung der ADHS-Symptomatik durch das Medikament gewährleistet werden kann. So kommt es auch in der Folge immer wieder zu heftigen aggressiven Impulsdurchbrüchen gegenüber Lehrern oder Mitschülern, von denen Jeremy sich provoziert oder bedrängt gefühlt habe. Nach dem Schulwechsel erfolgt wieder keine Vorstellung. Die Familie nimmt die für sie reservierten Termine nicht wahr.

Sporadisches Wiedersehen

Bei einer weiteren Wiedervorstellung springt Jeremy trotz Gipsbein durch die Praxis in das Zimmer des Therapeuten. Auf Nachfragen, was denn passiert sei, bezieht er die Frage zunächst gar nicht auf den Gips, sondern guckt verwundert. Erst als er gewahr wird, dass seine Verletzung gemeint ist, berichtet er, dass er beim Fußballspielen mit dem Fuß umgeknickt sei. Das habe zwar etwas wehgetan, er habe aber weitergespielt, bis der Fuß so dick angeschwollen sei, dass er vom Arzt eine Gipsschiene bekommen habe, damit er den Fuß ruhig halte. Es tue jetzt aber schon nicht mehr weh und er wolle diese blöde Schiene loswerden.

Da Jeremy sich in den Therapieterminen sowohl hinsichtlich seines spielerischen Ausdrucks als auch seiner verbalen Äußerung sehr zurückhaltend zeigt und sich auch von Seiten der Mutter nach einer anfänglichen Kooperation schnell nachlassendes Interesse und das Versäumen von Terminen einstellen, wird die Möglichkeit einer Gruppenbehandlung besprochen.

Der Verlauf der Gruppentherapie mit vier gleichaltrigen Jungen, welche unter ähnlichen Verhaltensproblemen leiden wie Jeremy, wird wie folgt beschrieben: Anfangs habe sich Jeremy vorsichtig, zurückgezogen und distanziert verhalten. Er habe angespannt gewirkt. Nach mehreren Einzelgesprächen mit den Therapeuten der Gruppe sei ihm dann der Übergang in das Gruppengeschehen gelungen. Im Gesprächskreis und in den spielerischen Therapieangeboten zeige sich Jeremy weiterhin verschlossen und vorsichtig. Bei grobmotorischen Angeboten wie Fußball und Regelspielen könne er sich besser einbringen, zeige sich hier jedoch stark impulsiv und verletze trotz Medikation immer Regeln und Grenzen des Spielrahmens. Mit zunehmender Anwesenheit in der Gruppe zeige sich Jeremy provokativer und werte das Angebot immer mehr ab. Es sei langweilig, er komme nur, weil er müsse, und überhaupt seien die anderen blöd. Nach wenigen weiteren Wochen wird die Therapie von Jeremy abgebrochen.

Auch durch eine zusätzliche Medikation können die aggressiven Impulsdurchbrüche Jeremys im Rahmen der Sonderbeschulung nicht günstig beeinflusst werden. Die Gruppenbehandlung bricht er vorzeitig ab, die schulischen Maßnahmen sind ausgeschöpft. Auch zu Hause gerät die Mutter ständig in Streit mit ihm. Sie habe den Eindruck, er mache das alles, um sie zu ärgern. Sie komme nicht an ihn ran und verstehe auch nicht mehr, was in ihm vorgehe. Jeremy berichtet, dass er nicht wisse, was seine Mutter von ihm wolle. Sie rücke ihm immer auf die Pelle, dann werde er natürlich wütend. Dann werde die Mama auch wütend und dann gebe es eine Schreierei und hinterher sei alles wieder gut. Jeremy wirkt bei dieser Schilderung unbeteiligt und sowohl von den Streitigkeiten als auch von der Möglichkeit eines Schulverweises oder der stationären Behandlung wenig beeindruckt. Im Beisein der Mutter zeigt er sich deutlich schamhaft und windet sich, wenn er mitbekommt, dass sie weint und verzweifelt nach Lösungen für die Situation sucht.

Wie soll es weitergehen? Stationäre Behandlung und Jugendhilfe

Es erfolgt schließlich die Aufnahme in eine kinder- und jugendpsychiatrische Klinik. Dort wird die Diagnose eines schwerwiegenden ADHS mit Störung des Sozialverhaltens bestätigt. Der von den Pädagogen der Schule geäußerte Verdacht auf eine tiefgreifende Entwicklungsstörung aus dem autistischen Formenkreis wird anhand der Beobachtungen im stationären Alltag nicht bestätigt. So weitreichend wurde Jeremys Rückzug aus den sozialen Beziehungen im schulischen Rahmen erlebt, dass seine grundlegende Kontaktfähigkeit in Frage gestellt wird. Die Wirksamkeit der Medikation wird in einem Auslassversuch überprüft. Neben der deutlichen Besserung durch die Medikation treten jedoch weiterhin auch im hoch strukturierten stationären Behandlungsrahmen Jeremys Schwierigkeiten, sich längerfristig zu konzentrieren, auf Spielkontakte einzulassen und seine aggressiven Impulse zu steuern, deutlich hervor. Mit anderen Kindern könne er sich auf kurze gemeinsame Spielphasen einlassen, verliere aber schnell das Interesse und neige dann dazu, andere zu provozieren. Bei Anforderung reagiere er teilweise oppositionell. Die Mutter reagiere auf das Verhalten ihres Sohnes mit klarer Grenzsetzung und ausreichender Konsequenz. Positives Verhalten könne sie auch liebevoll verstärken, aber eine Verbesserung der Gesamtsituation sei durch ambulante Hilfen nicht mehr zu erwarten.

Im Anschluss an die stationäre Behandlungsmaßnahme wird aufgrund der Schwere der Beeinträchtigung und der erschöpften familiären Ressourcen gemeinsam mit dem Jugendamt die Möglichkeit einer außerhäuslichen Jugendhilfemaßnahme besprochen. Die Mutter hat verständlicherweise wegen des frühen Heimaufenthaltes ihres Sohnes Schuldgefühle und Widerstände gegen eine erneute Heimunterbringung. Seitens des Jugendamtes wird die Möglichkeit der Aufnahme in eine familienähnliche heilpädagogisch-orientierte Pflegestelle erwogen. Dort könne Jeremy in einem familienähnlichen Rahmen, gemeinsam mit drei bis fünf anderen Kindern unterschiedlichen Alters bei einem Erzieherpaar eine Familienkontinuität erleben und nachreifen. Zur weiteren Disposition der Jugendhilfe bestehen die Möglichkeiten einer Aufnahme in einer Fünf-Tages-Gruppe mit regelmäßigen Wochenenden bei der Mutter sowie die

vollstationäre Unterbringung mit entsprechend weniger Besuchs-
kontakten und durchgehender Ferienbetreuung durch die Jugend-
einrichtung.

Nachdenken mit OPD-KJ-2

Neben der hyperkinetischen Störung des Sozialverhaltens nach ICD
und den beschriebenen erheblichen psychosozialen Belastungsfak-
toren spielen natürlich die Vorbehalte der Mutter und die ablehnende Haltung Jeremys den Angeboten der Jugendhilfe gegenüber
eine entscheidende Rolle bei Planung und Vermittlung des weiteren
Vorgehens. Unter OPD-KJ-2-Gesichtspunkten lässt sich auf der Konfliktachse das Bild eines Nähe-versus-Distanz-Konflikts beschreiben.
Das nur sporadische Erscheinen der Familie erschwerte zunächst die
Einschätzung des Nähe-versus-Distanz-Konflikts. Es gab Hinweise,
wie beispielsweise das Gefühl des Nicht-beteiligt-Werdens und des
Nebeneinanderhers in den ersten Gesprächen. Auch die Gegenübertragung des Therapeuten, die trotz der dramatischen Geschichte
zwischen relativer Unbesorgtheit und dem Gefühl, nicht heranzu-
kommen, schwankte, passt zum Thema. Der Konflikt zeigte sich
tatsächlich erst im weiteren Verlauf deutlicher. Zum einem, weil
es mehrerer Anläufe bedurfte, um die sprunghafte Beziehungsgestaltung Jeremys als Ausdruck seiner Angst vor Nähe zu verstehen.
Zum anderen, weil sein Verarbeitungsmodus im jungen Alter noch
schwankte und er im Kontakt zu einer Familienhelferin seine ebenfalls vorhandenen Wünsche nach Nähe gefahrloser ausleben konnte.
Erkenntnisse über sein Leben außerhalb der kinderpsychiatrischen
Praxis erreichten den Therapeuten ebenfalls nur bruchstückhaft.
Auch hier wurde er auf Abstand gehalten. Jeremys Angst, auf die
Hilfe anderer angewiesen und damit ihrer Nähe ausgeliefert zu sein,
hinderte ihn sogar daran, mit seiner schmerzhaften Fußverletzung
zum Arzt zu gehen. Auch seine Mutter formulierte, dass sie nicht
wisse, was in ihm vor sich gehe. Das Ausmaß seiner Beeinträchtigung durch den Nähe-versus-Distanz-Konflikt wird auch im fehlge-
schlagenen Versuch, ihn in einem gruppentherapeutischen Angebot
zu integrieren, deutlich.

Typisch sind die Schwierigkeiten in der Kontaktfortführung und
das Abbrechen der Beziehungsangebote, sobald diese eine zu große

Nähe für Jeremy mit sich bringen. Im Rahmen der kinder- und jugendpsychiatrischen Praxis wusste die Familie die Nähe durch viele Absagen und Terminversäumnisse auf ein für Jeremy erträgliches Maß zu reduzieren. Hierbei entstand nie der Eindruck, dass Jeremy etwas anderes wolle oder dass das Therapie- oder Beziehungsangebot nicht reiche. Es schien eher so, als könne er mit dem Angebot nichts anfangen und fühle sich unter Druck gesetzt, wenn er beispielsweise Absprachen mit einer gewissen emotionalen Verbindlichkeit gegenüber dem Therapeuten bis zum nächsten Mal einhalten sollte. Auch in der Gegenübertragung entstand kein Gefühl der Verärgerung oder der Eindruck, Jeremy suche etwas anderes, eher kam ein Gefühl von zunehmender Distanz und nachlassendem Einfluss, eine gewisse Hilflosigkeit auf. Jeremy selbst rief im Therapeuten das Bild eines allein umherstreifenden Jungens wach, der vom Schicksal gebeutelt ist, aber doch erhobenen Hauptes weiterzieht.

Zum Zeitpunkt der Rückführung aus dem Heim ließ sich der Nähe-versus-Distanz-Konflikt in der Beziehungsgestaltung zur Mutter noch schwankend zwischen dem aktiven und passiven Modus beschreiben. In zunehmendem Maße verlagerte sich die Konfliktgestaltung in den aktiven Modus. Die erschwerte Impulskontrolle und die vielfachen negativ besetzten Auseinandersetzungen mit Gleichaltrigen und Lehrern behinderten das Austarieren der Nähe-Distanz-Positionen zusätzlich, so dass der aktive Modus sich verfestigte. Jeremy reagierte mehr und mehr aggressiv auf sich weiterentwickelnde Beziehungsangebote. So stieß er Gleichaltrige, Lehrer, Therapeuten, aber auch in zunehmendem Maße Mutter und Schwester zurück.

Lernt man Jeremy nur kurz kennen, ist man verblüfft, wie gut er gestimmt ist, wie offen er auf jemanden trotz seiner belasteten Lebensgeschichte zugehen kann. Im näheren Kontakt merkt man, wie sehr er in dem Konfliktgeschehen gefangen und eingeschränkt in der Auseinandersetzung mit den alltäglichen Erfordernissen seines Lebens ist.

Der Nähe-versus-Distanz-Konflikt gehört zu den früh beginnenden Störungen und ist nach klinischer Erfahrung häufig auch mit Einschränkungen auf der strukturellen Ebene verbunden. Nach OPD-KJ-2 verfügt Jeremy in vielen Bereichen der Struktur über eine geringe Integration. Die deutlichsten Anzeichen einer geringen Integration zeigen sich in den Bereichen Impulssteuerung sowie Steuerungsinstanzen, eine eingeschränkte Integration findet sich in den Bereichen Selbstwertregulation, Selbsterleben, Selbst-Objekt-Differenzierung und Objekterleben, welches konfliktbedingt immer wieder auf ein niedrigeres Strukturniveau abfällt. Mit Hilfe der Medikation, die eine deutliche Verbesserung seiner Impulsivität bewirkt, können zeitweise der Schulbesuch und eine soziale Integration ansatzweise gelingen.

Mit Erörterung des Nähe-versus-Distanz-Konflikts und des psychodynamischen Hintergrundes wird eine Empfehlung gegen das familienähnliche Unterbringungsangebot ausgesprochen, da die Ausschließlichkeit zweier Bezugspersonen angesichts Jeremys mangelnder Fähigkeit, Nähe in Beziehungen auszuhalten, eine Überforderung für ihn darstellen würde. Eine Entaktualisierung des Konflikts kann dieser Einschätzung nach am ehesten durch mehrere, sich auch zeitlich abwechselnde Beziehungsangebote, wie sie im Rahmen der vollstationären Heimeinrichtung gegeben sind, erzielt werden. Durch die Anwendung eines von der einzelnen Person losgelösten Regelwerkes und den durch die Organisation der Einrichtung vorgegebenen Tagesablauf kann es Jeremy gelingen, anstehende Entwicklungsaufgaben in Angriff zu nehmen, Selbstständigkeit und Verantwortung zu lernen, Alltagsaufgaben zu übernehmen und sich auf die Schule zu konzentrieren.

Der Mutter kann vermittelt werden, warum die therapeutischen Angebote und vor allem ihre eigenen Bemühungen um Jeremy aufgrund des ausgeprägten Konflikts immer wieder an Grenzen gestoßen sind. Die häufigen, für die Mutter oftmals ohne Vorwarnung einsetzenden Wutausbrüche Jeremys, seine ablehnende Haltung, wenn ihre eigene Not und die Verzweiflung über seine Probleme am größten waren, lassen sich im Rahmen des Störungskonzeptes erläutern. Somit wird auch ihr Verständnis dahingehend gefördert, dass die ambulante Behandlung und der Verbleib im Familienverband zu diesem Zeitpunkt nicht möglich sind. Die Mutter vermag schließlich ihren aufgrund der Vorgeschichte allzu gut nachvollziehbaren Widerstand aufzugeben und in die Heimaufnahme einzuwilligen.

Jeremy heute

Die Familie meldet sich erst nach Beendigung des Heimaufenthaltes wieder. Ein Jahr lang sei es ganz gut gewesen. Jeremy habe es zwar im Heim nicht gefallen, aber er habe sein Schuljahr geschafft und viel weniger Ausraster gehabt. Die regelmäßigen Besuchskontakte zur Mutter seien auch ohne Streit verlaufen, so dass Mutter und Sohn nach einem Jahr die Perspektive der Rückführung sahen. Kaum wurde diese Möglichkeit, auch aufgrund der guten Entwicklung Jeremys im Heim, durch die dortigen Pädagogen mit der Mutter besprochen, drängte Jeremy auf die alsbaldige Rückführung, welche mit Hilfe der Mutter schon wenige Monate später erfolgte. Im Rahmen des Heimaufenthaltes war es Jeremy gelungen, auch ohne die neuroleptische Medikation im Schul- und Gruppenkontext zu bestehen. Eine Medikation mit Methylphenidat hatte er weiterhin erhalten.

In den ersten Wochen zeigen sich sowohl Jeremy als auch seine Mutter sehr erfreut darüber, dass er wieder zu Hause wohnt. Die Gespräche in der kinder- und jugendpsychiatrischen Praxis erinnern an die erste Begegnung mit Jeremy und seiner Mutter. Wenige Monate später zeigt sich sowohl zu Hause als auch in der Schule jedoch wieder das alte Bild. Die Idee einer erneuten Heimaufnahme steht schnell im Raum, wird jedoch von Mutter und Sohn strikt abgelehnt. Aufgrund eines schweren Autounfalls der Mutter erfolgt eine längere Krankenhausbehandlung mit anschließender Rehabilitation. Jeremy wird erneut vom Jugendamt in Obhut genommen und diesmal dauerhaft in eine stationäre Jugendhilfeeinrichtung überführt.

Neben der Temperamentsdisposition und den hirnorganischen Folgen des Entzugs, der belasteten Schwangerschaft und den Geburtskomplikationen ist das Verständnis des Nähe-versus-Distanz-Konflikts ausschlaggebend für das Nachvollziehen des in großen Teilen unbefriedigenden therapeutischen Verlaufs. Der nicht genügend bearbeitete Nähe-versus-Distanz-Konflikt zeigt sich bedeutsam für die Schwierigkeit der therapeutischen Einflussnahme und, neben den strukturellen Einschränkungen, auch für die durch Medikation nicht wesentlich zu beeinflussende Hyperkinetische Störung des Sozialverhaltens. Mit Rückkehr in das familiäre Beziehungsumfeld verschlechterte sich die Symptomatik wieder und die Befürwortung der erneuten langfristigen vollstationären Jugendhilfemaßnahme wurde unumgänglich.

Abschließende Betrachtung

Die kinder- und jugendpsychiatrische Praxis begleitete die Entwicklung der Familien in den genannten Beispielen zwischen acht und zehn Jahren. Anhand der psychodynamischen Diagnostik lässt sich gut zeigen, worin die individuellen Unterschiede im Behandlungsverlauf, den Therapieempfehlungen und der Zusammenarbeit mit der Jugendhilfe bestanden. Neben der allgemeinen Empfehlung der außerhäuslichen Unterbringung ist die Wahl des Vorgehens (Internat, heilpädagogisches Heim, familienähnliche Pflegestelle) anhand der Einschätzung der Konfliktlage und der Ressourcen mittels der Strukturachse gut planbar gewesen. Jeremy zeigte hier die am weitesten reichenden Einschränkungen hinsichtlich seiner strukturellen Voraussetzungen, welche vor allem aufgrund der mangelnden Impulssteuerung und Affekttoleranz einen deutlich schlechteren Verlauf befürchten ließen.

Alle beschriebenen Kinder waren bei der Erstvorstellung noch im Kindergarten und wurden mit ganz ähnlichen Verhaltensauffälligkeiten zur Vorstellung gebracht. Konzentrationsprobleme, Streit um Regeln und Grenzen zu Hause als auch später in der Schule waren auf der beschreibenden Ebene bei allen Kindern zu finden. Alle erhielten im Verlauf ihrer Behandlungen die Diagnose eines ADHS mit einer mehr oder minder stark ausgeprägten Störung des Sozialverhaltens. Die Familien erhielten ambulante Jugendhilfe als Unterstützung zur Erziehung, therapeutische Hilfe im Rahmen von Psychotherapie, Ergotherapie, Gruppentherapie und eine begleitende medikamentöse Behandlung. Trotz der vielfältigen ambulanten Hilfestellungen zeigten sich alle drei Kinder so stark in ihrer Lebensführung beeinträchtigt, dass die stationäre Behandlung unumgänglich wurde. Schließlich war aufgrund der erheblichen Entwicklungsgefährdung und des durch die ambulanten Maßnahmen nur unzureichend beeinflussbaren Störungsgeschehens die außerhäusliche Unterbringung mit Beginn des Jugendalters nicht mehr zu umgehen.

An diesem Punkt im Therapieverlauf macht sich oft ein Gefühl der Hilflosigkeit und des Unverständnisses breit. Es stellt sich Enttäuschung ein wegen des jahrelangen vergeblichen Bemühens seitens der Familie, des Helfersystems und nicht zuletzt der eigenen therapeutischen Arbeit. Die Herausnahme eines Kindes aus der Familie und die Aufnahme in eine Heimeinrichtung sind immer mit einem einschneidenden Wechsel des sozialen Bezugssystems verbunden. Das Verständnis des psychodynamischen Hintergrundes der Störung und des bisherigen Behandlungsverlaufs hilft, dies auch als Chance zu nutzen und für das Kind oder den Jugendlichen das bestmögliche therapeutische Beziehungsumfeld auszusuchen.

So macht es gerade nach einem langjährigen und ungünstigen Behandlungsverlauf Sinn, sich das psychodynamische Geschehen anhand der Konfliktachse OPD-KJ-2 noch einmal zu vergegenwärtigen. Wir hoffen, dass die Schilderungen zeigen konnten, dass mit einer zusätzlichen psychodynamischen Diagnostik Behandlungsverläufe besser nachvollzogen werden und Behandlungsempfehlungen, die weitreichende Folgen für das psychosoziale Gefüge des Kindes und der Familien haben, allen Beteiligten verständlich nähergebracht werden können. Die OPD-KJ-2 leistet dann ihren entscheidenden Beitrag zu einer verbesserten Behandlungsplanung bei Kindern und Jugendlichen.

Verlauf einer tagesklinischen Behandlung unter besonderer Berücksichtigung der OPD-KJ-2-Befunde

Die kinder- und jugendpsychiatrische Tagesklinik, in der die im Folgenden beschriebene Behandlung durchgeführt wurde, hat insgesamt elf Plätze für Patienten der Altersspanne von fünf bis 17 Jahren. Angestrebt ist, jeweils eine Gruppe mit fünf bis sechs Grundschulkindern und Jugendlichen zu behandeln, so dass die Patienten jeweils gleichaltrige und wenn möglich auch gleichgeschlechtliche Mitpatienten haben. Eine ausgewogene Zusammensetzung der Patientengruppe spielt eine bedeutende Rolle für den Therapieerfolg jedes Einzelnen. Besonders geachtet werden muss auf die Anzahl der Patienten mit einer Störung des Sozialverhaltens, in der Regel werden nur maximal zwei Patienten mit dieser Störung in die Gruppe integriert.

Der Tag beginnt mit einem Frühstück um acht Uhr, danach werden die Patienten bis zwölf Uhr in der Klinikschule in Kleinstgruppen von Sonderpädagogen unterrichtet. Nach dem Mittagessen findet an einigen Tagen auch Nachmittagsunterricht statt. Neben dem Unterricht finden pro Woche zwei Einzeltherapiestunden, jeweils zwei Therapiestunden mit non-verbalen Techniken (Kunsttherapie, Musiktherapie, Bewegungstherapie) und ein Eltern- bzw. Familiengespräch statt. Zusätzlich gibt es ein Gruppengespräch, eine Entspannungsgruppe sowie Ergotherapie und Logopädie. Es wird ein integriertes psychotherapeutisches Konzept aus Verhaltenstherapie und Tiefenpsychologie angewandt. Nachmittags gibt es weitere Aktivitäten: Schwimmen, Bandprojekt, Werkgruppe.

Die Indikation zur tagesklinischen Behandlung wird in einem Vorgespräch geklärt. Entscheidend ist, ob eine behandlungsbedürftige Störung vorliegt und ob ausreichende Behandlungsvoraussetzungen nach OPD-KJ-2 gegeben sind.

Barbara, 14 Jahre: Nähe-versus-Distanz-Konflikt und Selbstwertkonflikt

Vorgespräch

Es stellt sich eine attraktive, deutlich älter wirkende Patientin mit dunkler Hautfarbe vor. Auffallend ist ihre gute verbale Ausdrucksfähigkeit. Barbara berichtet, dass sie vor zwei Monaten bei einem Stadtbummel mit einer Freundin plötzlich umgefallen sei. Diese habe sie beim Sturz aufgefangen, so dass sie sich nicht verletzt habe. Hinsichtlich der körperlichen Symptomatik beschreibt Barbara folgende Symptome: starkes Zittern, Agitiertheit, geweitete Pupillen, träge Lichtreaktion. Diese Symptome waren so schwerwiegend, dass von Umstehenden der Notarzt gerufen wurde. Dieser habe zunächst Beruhigungsmittel verordnet und eine sofortige stationäre Aufnahme in einem Kinderkrankenhaus veranlasst. Die dortige somatische Diagnostik (EEG, EKG, Drogenscreening) sei unauffällig gewesen. In einem kinder- und jugendpsychiatrischen Konsil sei eine ambulante kinder- und jugendpsychiatrische Behandlung empfohlen worden. Etwa eine Woche nach Entlassung aus der Klinik sei Barbara auf dem Weg zur Schule in Begleitung derselben Freundin ein zweites Mal zusammengebrochen (Zucken beider Hände, starrer Blick, weit geöffnete Augen). Der Notarzt habe eine stationäre Wiederaufnahme in der Kinderklinik veranlasst. Die erweiterte somatische Diagnostik (Ultraschall, MRT Kopf, EEG) sei ebenfalls unauffällig gewesen. In der Folge zeigten sich weitere »Anfälle« mit starkem Zittern sowie Blickstarre und träger Pupillenreaktion. Barbara gibt an, für die »Anfälle« keine Erinnerung zu haben. Vor dem ersten »Anfall« habe es Mobbing in der Schule gegeben. Seitdem habe Barbara die Schule nicht mehr besucht und auch keine Freunde mehr getroffen. Sie sei aus Angst, Mitschüler zu treffen, nicht mehr aus dem Haus gegangen.

Zusätzlich berichtet Barbara über seit ca. zwei Jahren bestehende, starke Stimmungsschwankungen und massive Impulsdurchbrüche sowie oberflächliches Ritzen. Insbesondere bei Enttäuschungen werde sie ausfallend und beleidigend in Wortwahl und Ton und zerstöre auch Gegenstände. Weiterhin werden dissoziale Verhaltensweisen beschrieben: Stehlen, Lügen, Weglaufen von zu Hause und Zündeln. Es sei schon zu Polizeikontakten gekommen.

Familienanamnestisch erzählt Barbara, dass sie im Alter von 15 Monaten adoptiert worden sei. Über die leiblichen Eltern gebe es keinerlei Informationen, bis zur Adoption habe sie in Zentralafrika in einem Heim gelebt. Die Adoptiveltern hätten beide einen Hochschulabschluss. Neben Barbara gebe es drei leibliche Kinder sowie eine fünf Jahr ältere Adoptivschwester, die schon ausgezogen sei, einen drei Jahre älteren Adoptivbruder und eine neun Monate alte Adoptivschwester.

Eigenanamnestisch berichtet Barbara, dass es zu Schwangerschaft und Geburt keinerlei Informationen gebe. Sie sei vermutlich direkt nach ihrer Geburt in Zentralafrika in ein Heim gebracht worden. Im Heim hätten katastrophale Zustände geherrscht. Sie habe viel geweint und wenig geschlafen. Aus Barbaras Ausführungen wird deutlich, dass sie zum Zeitpunkt der Adoption Entwicklungsverzögerungen gezeigt hat, die im Weiteren jedoch aufgeholt werden konnten und dass sie die Meilensteine der frühkindlichen Entwicklung dann altersgerecht erreicht hat. Sie hat einen Kindergarten besucht, wo es keine Probleme gegeben habe. Allerdings ist sie offensichtlich schon früh durch distanzloses Verhalten aufgefallen. Auch hat es wenig positive Interaktion mit ihr gegeben. Die Einschulung sei zeitgerecht erfolgt. Aktuell besuche sie die 8. Klasse einer Gesamtschule mit befriedigenden Leistungen.

In der Vergangenheit habe eine Lerntherapie (Dyskalkulie) stattgefunden, eine ambulante Psychotherapie und aufgrund zunehmender Konflikte auch eine Familientherapie.

Behandlungsvoraussetzungen

In Tabelle 3 sind die Behandlungsvoraussetzungen dargestellt. Barbara machte deutlich, dass sie psychisch stark belastet sei und sehr leide. Auch die Angst, erneut einen »Anfall« zu bekommen, beschäftige sie zunehmend. Deshalb wolle sie jetzt die Unterstützung durch eine tagesklinische Behandlung. Immer wieder betonte sie, dass sie durch die tagesklinische Behandlung sich selbst besser verstehen und etwas verändern wolle. Als auslösende Situation für die »Anfälle« konnte sie den Konflikt mit den Mitschülern beschreiben. Sie habe sich aufgrund dieser Konflikte und der »Anfälle« vollständig zurückgezogen und auch die Schule nicht mehr besucht. Barbara konnte akzeptieren, dass diese »Anfälle« nicht somatisch bedingt sind, sondern psychogene Ursachen haben. Auffallend war eine verbal außerordentlich differenzierte Ausdrucksfähigkeit. Sehr gute familiäre Ressourcen zeigten sich in der intensiven und differenziellen Nutzung des Helfersystems. Eine Unterstützung außerhalb des familiären Rahmens bestand nicht.

Tabelle 3: Befund Achse Behandlungsvoraussetzungen

	nicht vorhanden	niedrig	mittel	hoch
subjektive Dimensionen				
somatische Beeinträchtigung			x	
psychische Beeinträchtigung				x
Leidensdruck				x
Veränderungsmotivation				x
Ressourcen				
Beziehung zu Gleichaltrigen		x		
familiäre Ressourcen				x
außerfamiliäre soziale Unterstützung		x		
intrapsychische Ressourcen				x
Therapievoraussetzungen				
Einsicht in biopsychosoziale Zusammenhänge				x
spezifische Psychotherapiemotivation				x
Krankheitsgewinn		x		
Arbeitsbündnisfähigkeit				x
Nutzung des professionellen Helfersystems				x

Struktur

Tabelle 4 verdeutlicht die Einschätzung auf der Strukturachse. Im Bereich Steuerung zeigte Barbara eine geringe Integration. Die Impulse sind deutlich untersteuert und Barbara wird von negativen Affekten überflutet, so dass Impulsdurchbrüche den Alltag bestimmen. Die Selbstwertregulation ist deutlich beeinträchtigt: Barbara ist sehr kränkbar, hat unrealistische Größenvorstellungen und pendelt zwischen Selbst- und Fremdentwertung. Die übrigen Dimensionen Identität, Interpersonalität und Bindung haben ein etwas besseres Integrationsniveau im Sinne von eingeschränkter Integration und sind insofern als Ressource zu werten. Der Gesamtwert für die Struktur befindet sich zwischen geringer und eingeschränkter Integration.

Als *Behandlungsfokusse* wurden in erster Linie die Verbesserung der Steuerung für die Bereiche Impulssteuerung, Affekttoleranz und der Selbstwertregulation festgelegt. Ein zusätzlicher Behandlungsfokus ergab sich für die Dimension Identität hinsichtlich der Stärkung des Selbsterlebens.

Tabelle 4: Befund Achse Struktur

Dimensionen	Bereiche	Integrationsniveau
Steuerung	Impulssteuerung Affekttoleranz Steuerungsinstanzen Selbstwertregulation	geringe Integration
Identität	Kohärenz Selbsterleben Selbst-Objekt-Differen- zierung Objekterleben Zugehörigkeit	eingeschränkte Integration
Interperso- nalität	Fantasien Fmotionale Kontaktaufnahme Reziprozität Affekterleben Empathie Fähigkeit, sich zu trennen	eingeschränkte Integration
Bindung	Zugang zu Bindungsrepräsentanzen sichere innere Basis Fähigkeit, allein zu sein Nutzen von Bindungsbeziehungen	eingeschränkte Integration
Gesamtwert		geringe bis eingeschränkte Integration

Konflikte

In Tabelle 5 wird deutlich, dass der Konflikt Nähe versus Distanz
im aktiven Modus dominiert. Durch die frühe Deprivation in dem
zentralafrikanischen Heim konnte Barbara nicht lernen, die wider-
sprüchlichen Strebungen nach emotionaler Nähe einerseits und nach
emotionaler Unabhängigkeit andererseits zu vereinbaren. Zudem ist
der Selbstwertkonflikt sehr bedeutsam, ebenfalls im aktiven Modus.
Es ist davon auszugehen, dass eine affektive Spiegelung durch eine
vertraute Bezugsperson in der frühen Kindheit nur unzureichend
erfolgte. Das Erleben bewegte sich zwischen den Polen geringem
versus gesteigertem Selbstwert.

Tabelle 5: Befund Achse Konflikt

	nicht vorhan-den	wenig bedeut-sam	bedeut-sam	sehr bedeut-sam
Nähe vs. Distanz				X
Unterwerfung vs. Kontrolle		x		
Selbstversorgen vs. Versorgtwerden			x	
Selbstwertkonflikt				X
Schuldkonflikt	x			
ödipaler Konflikt	x			
Identitätskonflikt	x			
aktuelle schwere Lebensbelastung	x			
schwere Lebensbelastung davor			x	

Der Konflikt Selbstversorgen versus Versorgtwerden spielte ebenfalls
eine Rolle und war durch die Geburt der Schwester aktiviert worden.
Barbara konnte sich nicht sicher sein, ob sie nach der Geburt immer
noch die gleiche Zuwendung von ihren Bezugspersonen bekommen würde. Auch hier herrscht der aktive Modus vor, Barbara zeigt
keine Versorgungsansprüche gegenüber ihren Adoptiveltern, sondern macht alles mit sich allein aus. Vorhanden und wenig bedeutsam erscheint der Konflikt Unterwerfung versus Kontrolle, ebenfalls im aktiven Modus. Barbara lehnte sich mit ihren dissozialen

Verhaltensweisen gegen Regeln auf. Auch während der Behandlung ist es ihr wichtig, die Kontrolle über die Situation zu behalten. Der ödipale Konflikt deutete sich zunächst als Konfliktthema an und fand in der dissoziativen Symptomatik seinen Ausdruck. Aktuell liegen keine schweren Lebensbelastungen vor. In der Vorgeschichte gab es mehrere schwere Lebensbelastungen (Heimunterbringung, Adoption, Migration).

Der wichtigste Konflikt ist Nähe versus Distanz, als weiterer wichtiger Konflikt wird der Selbstwertkonflikt befundet; als Konfliktthema deutet sich der ödipale Konflikt an.

Stationärer Verlauf

Zu Beginn der Behandlung fällt Barbara durch sprunghaftes und distanzgemindertes Verhalten auf. Bei Frustrationen verhält sie sich häufig unangepasst, aufbrausend und extrem abwertend. Sie kann sehr schnell Kontakt zur Patientengruppe aufbauen, zeigt aber Schwierigkeiten in der Abgrenzungsfähigkeit. Die Patientin erzählt in der Tagesklinik allen Mitpatienten auch intime Details. Da sie vor der Tagesklinik alle Kontakte zu Gleichaltrigen unterbunden hatte, sucht sie die Nähe zu den Mitpatienten in der Tagesklinik besonders. Im weiteren Verlauf erzählt Barbara immer wieder neue Geschichten, die im Team zu viel Verwirrung führen. Zum Teil werten diese Geschichten sie selbst als Person erheblich auf, zum Beispiel erzählt sie, dass sie nach dem Schulabschluss nach Australien zum Studium gehe.

Die Stimmung ist großen Schwankungen unterworfen und wenig in Zusammenhang mit äußeren Faktoren zu bringen. Zu Beginn der Behandlung treten zwei »Anfälle« auf, einer im Rahmen eines Suizidversuchs mit Tabletteningestion. Zudem verletzt Barbara sich immer wieder in Belastungssituationen selbst. Aufgrund der im Vordergrund stehenden Stimmungsinstabilität erfolgt im zweiten Behandlungsabschnitt die einschleichende Einstellung auf Quetiapin mit einer Maximaldosis von 200 Milligramm pro Tag. Es kommt zu einer leichten Appetitsteigerung mit tolerabler Gewichtszunahme bei Ausbleiben von weiteren Nebenwirkungen.

In der *Klinikschule* wird Barbara als motiviert wahrgenommen. Dennoch hat sie Schwierigkeiten, den Unterrichtsanforderungen zu entsprechen. Aufgrund der vorliegenden Lernschwierigkeiten und der Beeinträchtigungen im emotionalen, sozialen und schulischen Funktionsbereich empfehlen wir die Rückstufung in die Klasse 8. Barbara kann sich dieser Empfehlung erst im Verlauf anschließen und die Klasse während der Außenschulbesuche kennenlernen.

Auf die *Einzeltherapie* kann sich Barbara anfangs nur schwer einlassen. Sie will sich nicht öffnen und über ihre Probleme sprechen. Zudem entwertet sie die Therapeuten. Das Kontaktverhalten ist wechselhaft. Die Beziehungsarbeit steht zunächst stark im Vordergrund. Mit Hilfe gemeinsamen Handelns (gemeinsames Backen, Fotografieren etc.) gelingt es, eine therapeutische Beziehung herzustellen. Im weiteren Verlauf der Behandlung ist ein Thema der Sitzungen ihre Stimmungsinstabilität und der damit verbundene Leidensdruck. Es werden mögliche Strategien besprochen, welche Barbara aber kaum einsetzen kann. Dennoch gelingt es ihr, sich nach einem Wutanfall schneller wieder zu beruhigen. Des Weiteren äußert Barbara massive Ängste gegenüber ihren Mitschülern und deren Bewertung. Vorausgegangen waren ein Streit mit Mitschülern und eine daraus resultierende Ausgrenzung. Es findet diesbezüglich ein klärendes Gespräch in der Schule mit Hilfe therapeutischer Begleitung statt. Zudem zeigt sie eine große Kränkbarkeit, wenn die schulischen Leistungsschwierigkeiten zur Sprache kommen. Sie hat große Schwierigkeiten, ihre Einschränkungen zu akzeptieren.

Über ihre Adoption zu sprechen, verweigert Barbara lange Zeit. Sie habe keine Probleme, adoptiert worden zu sein. Erst zum Ende kann sie sich diesem Thema gegenüber etwas öffnen. Hier zeigt sie erste Ansätze von Traurigkeit über das Verlassenwerden, aber auch Wut den leiblichen Eltern gegenüber. Auch die Eifersucht auf die neue Adoptivschwester kann vorsichtig besprochen werden.

Mit den Adoptiveltern finden regelmäßig *Elterngespräche* statt. Beide wirken offen und interessiert. Fokus der Beratung sind Förderung des Krankheitsverständnisses sowie der Umgang mit der Erkrankung. Häufig zeigt sich eine krisenhafte Zuspitzung im Verhalten von Barbara gegenüber der Adoptivmutter. Zur Entlastung will der Adoptivvater seine Arbeitszeiten verändern, um mehr für Barbara da sein und deeskalierend wirken zu können.

Therapeutische Bedingungen

Da es sich überwiegend um eine strukturbedingte Störung handelt, ist es hilfreich, klare äußere Strukturen zur Verfügung zu stellen, wie es in einer tagesklinischen Behandlung möglich ist. Dies auch deshalb, weil der Besuch der Klinikschule vorgehalten werden kann. In der Tagesklinik ist es möglich, strukturgebende äußere Bedingungen wie fürsorgliche Steuerung, Begrenzung distanzlosen Verhaltens, Aushalten schwieriger Affekte in therapeutische Beziehungen einzubetten.

Für das Verständnis dieser Patientin war entscheidend, dass sie für dysfunktionale Aktivitäten auch Verantwortung übernehmen konnte. Es ist durchaus auch für strukturell gestörte Patienten möglich, mit therapeutischer Hilfe konstruktive Lösungswege zu suchen. Um dies zu erreichen, sollte der Therapeut Hilfs-Ich-Funktionen übernehmen. Die Stabilisierung des Selbst kann durch nonverbale Verfahren unterstützt werden, mit deren Hilfe der Patient ein authentisches Gespür für die eigene Person entwickeln kann. Der Fokus der Behandlung sollte darin liegen, die strukturellen Einschränkungen zu erkennen und den Umgang damit zu erlernen. Dabei spielt die Spiegelung durch den Therapeuten eine bedeutsame Rolle. Es sollten keine affektmobilisierenden Techniken genutzt werden; mit Deutungen sollte sehr zurückhaltend vorgegangen werden.

Entlassung

Es werden dissoziative Krampfanfälle und eine Persönlichkeitsentwicklung im Sinne einer Borderline-Störung diagnostiziert. Im Verlauf kommt es zu einer deutlichen Stabilisierung der Stimmung, es gelingt Barbara besser, Vorgaben zu akzeptieren, sie zeigt eine zunehmende Frustrationstoleranz und positive soziale Ressourcen. Barbara kann sich besser gegenüber den Mitpatienten abgrenzen, ihre »Geschichten« stehen nicht mehr im Vordergrund der Kontaktaufnahme. Selbstschädigendes oder suizidales Verhalten treten nicht mehr auf. Auch das Umfallen tritt nicht mehr auf. Barbara kann die Grenzen ihrer intellektuellen Leistungsfähigkeit besser akzeptieren und lässt sich in die 8. Klasse zurückstufen. Es ist davon auszugehen, dass die Stabilisierung der Struktur ein wesentlicher Faktor für die bessere Regulation ihrer intrapsychischen Konflikte ist.

Follow-up nach einem Jahr

Circa zwölf Monate nach Beendigung der tagesklinischen Behandlung zeigt Barbara sich weiterhin stabil. Sie geht regelmäßig zur ambulanten Psychotherapie bei einer Therapeutin. Die schulische und soziale Integration in die 8. Klasse ist gelungen, so dass davon auszugehen ist, dass es der Patientin besser gelingt, Nähe und Distanz sowie ihren Selbstwert zu regulieren. Die familiären Konflikte sind ebenfalls deutlich abgeschwächt.

OPD-KJ-2 in der Antragsstellung, Supervision und Intervision

Gegenwärtig wird die Konfliktachse von niedergelassenen Therapeuten bereits häufig zur Indikation und für die Therapieplanung herangezogen. Ein weiteres Anwendungsfeld liegt in der Kinder- und Jugendpsychiatrie. In den vorausgegangenen Kapiteln wurde die diagnostische und therapeutische Arbeit mit der OPD-KJ-2-Konfliktachse in diesen Anwendungsfeldern (Einzeltherapie bei Kindern und Jugendlichen, einschließlich der dazugehörigen Elternarbeit, ambulante und (teil-)stationäre psychiatrische Behandlung) anhand von konkreter Arbeit mit Patienten und ihren Eltern dargestellt.

Oft entsteht, teilweise im Anschluss an die Teilnahme an den OPD-KJ-2-Schulungen, teilweise nach etwas »schwieriger Arbeit als Einzelkämpfer«, in unterschiedlichen Praxisfeldern der Wunsch einer regelmäßigen Begleitung in der Praxis oder Klinik, nach einer Unterstützung und Vertiefung in der Arbeit mit der OPD-KJ-2. Die Supervision kann einzeln und in Gruppen erfolgen, jeweils geleitet von einem OPD-KJ-2-Experten. Typische Fragestellungen einer solchen Supervision beziehen sich auf die Frage »Was hat der Patient?«, das heißt die Frage, welche über die ICD-10-Diagnose hinausgehenden Ideen die OPD-KJ-2 zum Verständnis des Patienten, seiner typischen Konflikte, seines Strukturniveaus und zu den notwendigen Behandlungsvoraussetzungen beitragen kann. In diesem Zusammenhang wird oft die Frage auftauchen, ob der Patient auf der Grundlage dieser Überlegungen für eine tiefenpsychologisch fundierte oder psychoanalytische Behandlung geeignet ist und welcher Fokus in der Behandlung gelegt werden soll. Dabei ist die Konfliktdiagnostik sehr hilfreich.

Die niedergelassenen Kollegen benennen in der Supervision auch wichtige Fragen nach Strukturdefiziten bei den Eltern, vor allem aber auch bei deren Kindern, das heißt den Patienten. De facto kommen in ambulante Praxen relativ viele Kinder und Jugendliche mit massiven Strukturdefiziten, zum Beispiel in der Emotions- bzw. Affektregulierung und in der Selbst-Objekt-Differenzierung. Daraus ergibt sich in der Supervision die Frage, ob überhaupt aufgrund der vorliegenden Strukturdefizite ein internalisierter psychischer Konflikt erkennbar ist. Es können auch Überlegungen thematisiert werden, inwieweit eine Indikation für eine Behandlung gegeben ist und ob sie gegebenenfalls in ihrer Anfangsphase verstärkt den Strukturaufbau zum Thema hat. Mit besserer Struktur werden oft erst Konflikte deutlich, die dann in den weiteren Behandlungsphasen bearbeitet werden können.

Auch beim Erstellen des *Berichts an den Gutachter* zur Beantragung der Kostenübernahme für eine Psychotherapie kann die OPD-KJ-2 hilfreich sein. Im Austausch mit anderen Kollegen können die wichtigen Punkte des Antrags unter OPD-KJ-2-Gesichtspunkten zusammengetragen werden. Informationen für den Bericht an den Gutachter können, neben der *Diagnose,* im *psychischen Befund* eingebracht werden, also unter der Frage vier: »Was ist jetzt?«, zum Beispiel in Bezug auf die aktuelle Struktur, die relative Dominanz eines bestimmten Konfliktthemas im gegenwärtigen Leben eines Kindes oder Jugendlichen. Aber auch unter Frage sechs: *Psychodynamik,* also der Frage: »Wo kommt das Problem eigentlich her?«, das heißt: »Wie ist es zu diesen Konflikten und Strukturdefiziten gekommen?«, kann die OPD-KJ-2 sinnvoll eingesetzt werden. So kann etwa verdeutlicht werden, wie stark das bisherige Leben und Beziehungsgeschehen des Kindes oder Jugendlichen durch Themen determiniert wurden, die als frühe Vorläufer des Konfliktgeschehens anzusehen sind. Darüber hinaus wird ersichtlich, inwieweit eine transgenerationale Weitergabe von dysfunktionalen Konfliktthemen vorliegt und welcher dominante Verarbeitungsmodus das Leben des Kindes bzw. Jugendlichen einschränkt. Sowohl beim Befund als auch bei der Psychodynamik sollte ausführlicher erläutert werden, warum man etwa der Meinung ist, dass ein bestimmter intrapsychischer Konflikt vorliegt, das heißt, die Belege für das Vorliegen eines solchen Konflikts und des entsprechenden Verarbeitungsmodus (aktiv – passiv) sollten im Antrag deutlich werden. Man kann des Weiteren unter Frage neun: *Behandlungsplan und Zielsetzungen,* erläutern, welche Ziele das Kind, der Jugendliche oder die Eltern haben, das heißt, welcher Konfliktfokus gewählt wird, wo man stützend und strukturierend vorgeht, wo eher aufdeckend. Schließlich kann man unter Frage zehn: *Prognose,* einige prognostische Überlegungen mitteilen, die sich aus den Behandlungsvoraussetzungen, wie sie im Rahmen von OPD-KJ-2 erhoben werden, ergeben haben.

Manchmal zeigt sich auf der Ebene der OPD-KJ-2-Diagnostik in Supervisionen und Intervisionen, dass, ganz ähnlich wie im Kapitel »Besonderheiten in der Elternarbeit: die transgenerationale Perspektive« dieses Buches anhand der Elternarbeit beschrieben (siehe S. 85–94), einemassive Problematik der Eltern vorliegt, während sich konflikthafte Themen beim Kind erst andeuten. Dennoch sind, wie im folgenden Fall einer massiven Entwicklungsbehinderung gezeigt, in derartigen Fällen ein Einschreiten und eine Indikation für eine ambulante psychotherapeutische Behandlung des Kindes nach einem stationären Aufenthalt gegeben.

Madeleine, fünf Jahre: Identitätskonflikt beim Vater, Versorgtwerden bei der Tochter

In der im Folgenden beschriebenen Einzelsupervision mit einer Therapeutin geht es um ein fast sechsjähriges Mädchen, bei dem die Therapeutin sich unsicher ist, ob sie das Mädchen in Behandlung nehmen soll, welche Konfliktthematik in der Familie vorherrscht und wie man behandlungstechnisch vorgehen sollte.

Madeleine kotet zu Hause und im Kindergarten ein und trägt daher permanent eine Windel; sie sei nur einmal für 14 Tage sauber gewesen. Die Eltern wollen daher noch ein weiteres Jahr mit der Einschulung warten, dann wäre Madeleine 7,5 Jahre alt. Sie hoffen, dass sich dann das Einkoten erledigt haben würde. Die Eltern, beide Beamte, sind zum Zeitpunkt der Erstvorstellung ihrer Tochter 40 und 42 Jahre alt.

In der *Pränataldiagnostik* wurde festgestellt, dass das Kind möglicherweise behindert ist; eine Abtreibung stand im Raum. Die Mutter entschließt sich, das Kind zu behalten, als der Fötus sich bewegt. Die Mutter tut viel für ihr Kind, zum Beispiel durch ihre Teilnahme an einer PEKiP-Gruppe.

Als Madeleine in den Therapieraum kommt, klammert sie sehr an der Mutter und kann sich auch beim Erkunden des Therapieraums kaum von ihr lösen. Schließlich geht sie auf das Puppenhaus zu, fängt an zu spielen und spielt fast ausschließlich mit der Vaterpuppe Schwimmengehen. Beim zweiten Mal kommt sie nach einem energischen »Du bleibst da« zur Mutter allein ins Therapiezimmer. Sie ist ein knochiges, großes Mädchen, das eher dem Vater ähnlich sieht und sehr bestimmend ist. Als die Therapeutin und Madeleine zusammen malen, fordert Madeleine die Mutter auf, den Vater auf dem Bild hinzuzumalen.

Der *Vater* hatte sich vor zwei Jahren als Transsexueller geoutet; zu diesem Zeitpunkt war die Tochter drei Jahre alt. Er trägt seither öffentlich Frauenkleider und hat einen weiblichen Vornamen angenommen. Wegen seiner neu angenommenen, öffentlichen weiblichen Identität musste er mehrfach die Arbeitsstelle wechseln. Fragen wie: »Zieht Papa heute ein Kleid an?«, oder: »Kommt heute der Papa oder die Mama?«, sowie die Anrede »Mapa« weisen darauf hin, dass die kleine Tochter äußerst irritiert ist, dass der Vater beim Ausgehen und für seinen Beruf in Frauenkleidern geht, manchmal auch mit einer Selbsthilfegruppe in Frauenkleidern zu Hause kocht, dann aber wieder als Mann in Jeans und ungeschminkt erscheint, am Haus herumwerkelt und als Mann in Badehose mit ihr ins Schwimmbad geht.

Die *Mutter der Patientin* schildert sehr raumgreifend ihre Ambivalenz, ob sie ihren Mann verlassen oder mit ihm zusammenbleiben solle, dass ziehe sich seit fast drei Jahren hin. Die Eltern der Mutter hatten sich früh getrennt; die Großmutter hatte eine bipolare Störung. Die Mutter der Patientin, eine kräftige, übergewichtige und äußerlich unscheinbare Frau, klammert sich sehr an Madeleine und scheint viel für sie zu tun auf der oberflächlichen Ebene (PEKiP), dann wiederum gibt es Anzeichen für eine gewisse Vernachlässigung: Sie gab Madeleine im Alter von acht Monaten ganztags in eine Krippe und dominiert fast das gesamte Gespräch durch ihre Ambivalenz und ihre Beziehungsprobleme mit ihrem Mann. Das Haus, die Umzüge in größere Wohnungen, deren Umbau und schließlich der Einzug in das gemeinsame Haus scheinen ihr wichtiger als das Kind. Dessen massive Entwicklungsbehinderung, wie sie unter anderem in dem anhaltenden Einkoten zum Ausdruck kommt, werden nicht gesehen. Die geplante Verschiebung der Einschulung auf 7,5 Jahre ist ebenfalls als Indiz zu werten. Auch die Tatsache, dass sich ihre

Tochter zu Weihnachten einen Schnuller gewünscht hat, findet sie nicht besonders besorgniserregend. Vom Vater ist später zu erfahren, dass die Mutter außereheliche Beziehungen aufgenommen habe.

Der Vater, der in männlicher Variante erscheint, ist ein bildhübscher, großgewachsener Mann mit langen, schwarzen Haaren. Er stammt aus einer Familie mit einem »hochgestellten Vater«, seine Mutter habe sich immer untergeordnet. Er sollte eigentlich eine Tochter sein. Der Vater des Vaters tut die Identitätsproblematik seines inzwischen über vierzig Jahre alten Sohnes bagatellisierend als »eine vorübergehende Phase« ab. Der Vater von Madeleine unternimmt viel mit seiner Tochter. Wenn beide Eltern ausgehen, geht er als Frau und ist dabei so attraktiv angezogen und geschminkt, dass andere Männer ihm schöne Augen machen. Vieles deutet auf eine narzisstische Störung und eine starke Identitätsproblematik hin. Außerhalb des Hauses tritt er überwiegend als Frau auf, zu Hause häufiger als Mann. Dies kann aber innerhalb eines Tages durchaus mehrfach wechseln. Die 14 Tage im Urlaub, in denen die Tochter sauber war, waren dadurch gekennzeichnet, dass beide Eltern sich darauf verständigt hatten, dass er im Urlaub nur als Mann erscheinen solle, also aufgrund der Absprache eine durchgängige geschlechtliche Identität hatte. Das war für die Tochter offenkundig so beruhigend, dass sie das Einkoten aufgab. Daraus ziehen die Eltern allerdings keine Lehre, sondern zurück zu Hause stellt sich weiterhin der rasche Wechsel zwischen Mann und Frau täglich ein, so dass die Tochter nie so recht weiß, wen sie vorfindet. Der Vater wünscht sich mehr Struktur von seiner Frau, sie sei zu nachgiebig mit der Kleinen. Er selbst wolle »200-prozentig« mit seiner Frau zusammenbleiben und wünsche sich sogar ein zweites Kind. Er ist an einer Paartherapie interessiert und bemerkt lediglich nebenbei, er hoffe, seine Tochter leide nicht unter dem Hin und Her.

Sowohl im Gespräch mit der Mutter als auch noch stärker im Gespräch mit dem Vater hat die Therapeutin enorme Schwierigkeiten, sich auf das Kind zu konzentrieren und Madeleine Fragen zu stellen. Immer wieder ist sie von den Fantasien über die Sexualität der Eltern und der unklaren Identität des Vaters abgelenkt und erlebt das Gespräch mit beiden, besonders aber mit ihm, als unglaublich anstrengend.

In der *Supervision* wird herausgearbeitet, dass die Tochter das gleiche Symptom (Einkoten) möglicherweise als Ausdruck für sehr verschiedene Probleme benutzt. Es scheint ein Thema der Mangelversorgung vorzuliegen, denn die Eltern sehen bei all ihren narzisstischen, identitätsbezogenen Selbstverwirklichungen und ihren Paarkonflikten nicht die Bedürftigkeit und schwere Entwicklungsbehinderung der Tochter. Sie denken sogar daran, noch ein weiteres Jahr passiv zu bleiben und mit der notwendigen Einschulung in der Hoffnung zu warten, dass sich das Einkoten von allein »auflöse«. Der Kindergarten hatte übrigens um die Vorstellung des Mädchens in der Praxis gebeten. Das Thema Aggression ist in der Gegenübertragung (und auch im Symptom) spürbar, wird aber von beiden Eltern nicht wahrgenommen. Durch das Einkoten fordert die Tochter immer wieder eine enge körperliche Beschäftigung der Mutter ein; diese aber verpasst ihr eine Windel und reagiert ansonsten nicht auf das Symptom. Des Weiteren wird in den Fragen und dem Verhalten der Tochter ein Identitätsthema angesprochen, das zunächst die Identitätsproblematik des Vaters zum Gegenstand hat, angesichts ihrer äußerst unruhigen elterlichen Situation (Zusammenbleiben oder Trennung? Männlich oder weiblich?) aber auch die Frage aufwirft: »Wer ist ihre Familie?«, und: »Wer ist sie?« Darf sie sich mit der Mutter identifizieren und inwieweit ist ihr Vater ihr Vater oder nicht doch eine zweite Mutter? Der chamäleonartige Wechsel in der Geschlechtsidentität des Vaters, der sich täglich vor den Augen der kleinen Tochter vollzieht, macht nachvollziehbar, dass sie lieber noch immer ein kleines Mädchen mit Schnuller sein möchte, wie zu der Zeit, als ihr Vater noch ihr Vater, das heißt, ein Mann war. Während die aggressiven Anteile bei beiden Eltern stark verleugnet werden, ist im Moment die Aggression bei der Tochter stark im Symptom des Einkotens gebunden. Die Tochter scheint ein Pfand in der Beziehung der beiden bedürftigen, sehr um ihre Interessen kreisenden Eltern darzustellen, das sich nicht entwickeln, nicht groß werden kann.

Die enorme Anstrengung, wen man als Gegenüber im Gespräch mit dem Vater hat (Mann oder Frau?), teilt sich wie bereits erwähnt der Therapeutin derart stark mit, dass sie extreme Schwierigkeiten hat, im Elterngespräch beim Kind zu bleiben und nicht dauernd in die Elternproblematik involviert zu werden. Die Therapeutin empfindet außerdem den starken Mangel, dass das Haus, die eigenen Probleme, die eigene sexuelle Identität den Eltern wichtiger als das Leid der Tochter zu sein scheinen – für das sie somit keinen Blick haben.

In der *Supervision* wird weiterhin besprochen, dass im Sinne der OPD-KJ-2 Madeleine noch keinen ausgeprägten Konflikt hat, dass sich aber die Themen Selbstversorgen versus Versorgtwerden und Identität bereits deutlich als problematisch abzeichnen und ihre Entwicklung behindern. Es wird erarbeitet, dass die kleine Tochter stationär in eine Kinderpsychosomatik aufgenommen werden soll. Zum einen, um ihr Symptom des Einkotens aufgeben zu können, zum anderen aber auch um die Rundherumversorgung zu gewährleisten und in einem klaren Rahmen Lernmöglichkeiten (»Was sind Jungen, was Mädchen?«, »Wer sind Erwachsene, wer Kinder?«, »Was sind Männer, was Frauen?«) anzubieten, die die Identitätsthematik auch im Austausch mit anderen Kindern »normalisieren«. Zeitgleich wird beiden Eltern dringend und schnell eine Paartherapie angeraten, um die Frage eines Zusammenlebens oder einer gütlichen Trennung voranzubringen und die Situation in Bezug auf die sexuelle Identität des Vaters in einer Weise zu strukturieren, die seine Rolle klar herausschält und zumindest zu Hause eine eindeutige Zuordnung möglich macht.

In einer sich an die *stationäre Therapie* anschließenden, *ambulanten psychotherapeutischen Weiterbehandlung* der kleinen Tochter durch die Therapeutin (tiefenpsychologisch fundiert) soll auf Rahmenaspekte und Stabilität besonders geachtet und die Themen Versorgung und Identität in Angriff genommen werden. In den *begleitenden Elterngesprächen* soll wiederum die Elternfunktion von Vater und Mutter (und nicht deren persönliche Probleme) im Vordergrund stehen, das heißt, inwieweit sie sich nun in der Lage sehen, eine stabile und entwicklungsfördernde häusliche Situation für ihre Tochter zu gewährleisten, und inwieweit ihre eigenen, auch stark narzisstisch überformten Probleme außen vor bleiben – und gegebenenfalls in Einzeltherapien bei anderen Kollegen weiterbehandelt werden können.

Gruppensupervision

In der Regel treffen sich mehrere Kollegen und Kolleginnen in einem festen Zeitrhythmus von etwa vier Wochen zur Besprechung im Kollegenkreis (Intervision) oder unter Hinzuziehung eines externen OPD-KJ-2-Experten (Supervision). Themen dieser Veranstaltung können die gesamte Bandbreite des therapeutischen Spektrums umfassen, von der Diagnostik und Indikation über die Behandlungsplanung und Prognose. Mit Hilfe von Überlegungen aus der OPD-KJ-2 können Fragen beantwortet werden wie:

- ob bei dem Patient eine Behandlung indiziert ist,
- um welche Konflikte es sich handelt,
- wie der Verarbeitungsmodus ist (aktiv – passiv),
- ob sich ein Konfliktfokus finden lässt, mit dem die Behandlung begonnen werden kann,
- ob es Konfliktvorläufer bei den Eltern gibt und auf was dementsprechend in der Elternarbeit geachtet werden muss,
- ob das Strukturniveau ausreichend für tiefenpsychologisch fundierte oder psychoanalytische Behandlung ist,
- ob gegebenenfalls eine Kurzzeittherapie ausreicht, einen erst relativ frischen Konflikt zu bearbeiten und zu lösen.

Bei Gruppen, die psychoanalytisch arbeiten, kann das Verstehen und Durchsprechen der Psychodynamik im klassischen analytischen Sinne durch neue Perspektiven, die sich aus Überlegungen anhand des OPD-KJ-2 ergeben, ergänzt und oftmals zu einer fruchtbaren und bereichernden Erfahrung werden, die in der Fallarbeit dann gewinnbringend eingesetzt werden kann. Viele Kollegen oder Kolleginnen kommen aber auch mit einem Fall, »wo es brennt«, das heißt einer laufenden Behandlung, in der sich ein Problem, eine Schwierigkeit ergeben hat und sie nicht weiterkommen und verstehen möchten, was da los ist. Auch da hilft die OPD-KJ-2-Perspektive, einen neuen Blick auf die festgefahrene oder unverständliche Situation zu werfen, und kann oftmals hilfreich für den Fortgang der Therapie wirken. Von großem Nutzen ist es, dabei die Übertragungs- und Gegenübertragungsreaktionen in der Gruppe zu beobachten und zu analysieren, geben sie doch wichtigen Aufschluss, um welchen Konflikt es sich handelt, wobei gegensätzliche Übertragungs- und Gegenübertragungsreaktionen oftmals verschiedene Modalitäten des passiven oder aktiven Modus eines Konflikts repräsentieren.

Supervision in anderen klinischen Settings

In den vorangegangenen Kapiteln wurde deutlich, wie nutzbringend OPD-KJ-2-Überlegungen in stationäre und ambulante psychotherapeutische und psychiatrische Versorgung von Kindern und Jugendlichen eingebracht werden können. Aber auch in anderen Arbeitsbereichen können sich Fallsupervisionen mit interdisziplinär arbeitenden Teams, zum Beispiel in Beratungsstellen, sozialpädagogischen Zentren, in verschiedenen medizinischen Bereichen wie Kinder- und Jugendpsychiatrie, Pädiatrie, Gynäkologie oder Psychosomatik als hilfreich erweisen, wenn das Team bereits Erfahrungen mit OPD-KJ-2 hat, also an entsprechenden Schulungen, zum Beispiel an In-Home-Schulungen, teilgenommen hat. Gerade bei interdisziplinär arbeitenden Gruppen ist die vereinheitlichte Sprache ein großer Vorteil der OPD-KJ-2 sowie die gemeinsamen, allen verständlichen Konzepte, die beide eine Verbindung zwischen verschiedenen Arbeitsbereichen schaffen und einen raschen Austausch und eine gute Verständigung über die engen Grenzen einer Fachdisziplin hinaus ermöglichen.

Die folgenden beiden Fallvignetten stammen aus einer solchen *Gruppensupervision,* an der Ärzte, Psychologen, Sozialarbeiter, Sozialpädagogen, Erzieher, Krankenschwestern, Kunst- und Musiktherapeuten teilnahmen, die miteinander an einer *psychosomatischen Abteilung einer Kinderklinik* arbeiten.

Janina, 16 Jahre: Selbstversorgen versus Versorgtwerden, aktiver Modus

Die 16-jährige Janina wird mit einer Anorexie (1,70 m, 39 kg bei Aufnahme) stationär aufgenommen. Sie isst jeden Tag angeblich 3.000 Kalorien, kann aber nicht zunehmen (derzeit 45 kg). Sie ist ein Einzelkind. In ihrer frühen Kindheit hat sie einige schwere, lebensbedrohliche körperliche Erkrankungen in ihrer Familie miterleben müssen.

Als sie drei Jahre alt ist, erkrankt der Vater schwer an einer Stamm-hirnentzündung, muss im Rollstuhl sitzen und hat lange Gehprobleme. Fast gleichzeitig erkrankt der geliebte Großvater an einem Hirntumor und ist stark wesensverändert. Er stielt einen Lastwagen mit Essen und verhält sich auch sonst uneinschätzbar und grenzüberschreitend. Beide Erkrankungen werden von Janinas Mutter in einem bagatellisie-renden Tonfall vorgetragen. Der Vater, 45 Jahre, ist inzwischen früh-berentet; die Mutter, eine kräftige, große Frau, ist Altenpflegerin. Für die Mutter kommt die Symptomatik der Tochter »überraschend«, sie hat keine Erklärung, schildert das bisherige Familienleben als »nor-mal« und präsentiert Fotoalben einer glücklichen Familie.

Janina verhält sich *auf der Station* wie ein wesentlich jüngeres Kind, ihr Zimmer ist ganz in rosarot gehalten und es gibt zahlreiche Schmusetiere. Sie beteiligt sich nicht an den verschiedenen Gruppen-angeboten und wenn sie spielt, spielt sie nicht bezogen auf andere, sondern parallel ihre eignen Spiele. Ein (altersgemäßes) Interesse an Jungen hat sie nicht. Sie wirkt stark entwicklungsverzögert und verhält sich allen Stationsmitgliedern, Kindern wie Angestellten, gegenüber stark angespannt-abweisend und vorwurfsvoll. Ihr Thema auf der Station ist immer wieder, dass sie nicht das Richtige bekomme, was sich vor allem auf das Essen bezieht (zu wenig Kalorien, so dass sie nicht zunehmen könne), aber auch auf andere Angebote. Die »Feinde« werden ganz im Außen gesucht, wo Mitpatienten sie angeblich mob-ben. Die Therapeuten sind hilflos, was sie ihr noch »geben könn-ten«. Der Versorgungskonflikt ist deutlich, sowohl im Verhalten von Janina (»Dann versorge ich mich selbst«, aktiver Modus) als auch in der Wahrnehmung der Stationsmitglieder (»Was sollen wir ihr noch geben? Sie nimmt nichts an!«), aber es sind auch die Themen Unter-werfung versus Kontrolle spürbar. Noch bevor die Station die Über-legungen nach der Supervision umsetzen kann, entlässt sich Janina zwei Tage später auf eigenen Wunsch und »versorgt sich draußen.«

Ilona, 15 Jahre: Schuldkonflikt, passiver Modus

Die 15-jährige Ilona ist in den letzten drei Jahren schon zum vierten Mal stationär aufgenommen worden, mit wechselnden Diagnosen: zuerst somatoforme Schmerzstörung, dann bei den drei folgenden

Malen mit der Diagnose Depression. Anlass der ersten Aufnahme
war möglicherweise der sexuelle Missbrauch der Mutter durch den
Großvater, den diese der Tochter kurz vorher erzählt hatte. Die Mutter hatte erzählt, dass sie den Missbrauch geduldet habe, um die Ehe
der Eltern zu retten. Der Großvater, den die Patientin sehr geliebt
hat – für sie war eine Welt zusammengebrochen –, sei, als sie von
dem Missbrauch hörte, mit einem Strick um den Hals durchs Dorf
gelaufen, um sich an der Brücke zu erhängen, was er aber dann
nicht tat. Beide Eltern der Patientin sind sehr bedürftig. Der Vater
beschreibt, wie er an seiner Arbeitsstelle gemobbt worden sei, er ist
depressiv. Die Mutter hat den Missbrauch zwar der Tochter erzählt
(»Familiengeheimnis«), hat aber die dringend angeratene Therapie
für sich nicht in Anspruch genommen und ist gegenwärtig auch
sehr depressiv. Die Eltern führen seit Jahren einen Kleinkrieg gegen-
einander und ziehen ihre Tochter wechselseitig auf ihre Seite (»die
haben sich bei mir ausgeweint«). Die Familie gibt sich gutbürgerlich,
geht aber mit einem extrem abwertenden und aggressiven Tonfall
miteinander um.

Die Patientin ist *auf der Station* völlig starr, mit einem abweisen-
den, leidenden Gesichtsausdruck (»ein Gesicht, als hätte sie ständig
Zahnschmerzen«) und nimmt zu Erwachsenen praktisch keinen
Kontakt auf. Sie hat zahlreiche Zwänge (ständiges Händewaschen,
ständiges Grübeln: »Was ist gut, was ist böse«, bzw.: »Was ist richtig,
was ist falsch«). Alle Angebote von Seiten der Erwachsenen werden
wie versteinert abgelehnt, Positives (Lob) ruft noch mehr Versteine-
rung hervor. Je mehr Medikamente sie bekommt, desto schlechter
geht es ihr. Sie weint viel. Ihr Zimmer ist peinlich aufgeraumt und
kalt. Die Therapeuten und das übrige Stationspersonal sind ratlos.

Ilona verweigert auch die *Mitarbeit in der Gruppe* bzw. steht in
Gruppen abseits. Körperbezogene Angebote wie Tanz, Musik oder
Sport kann sie nicht aushalten; sie duldet keinerlei körperliche Nähe.
Ihren eigenen Aussagen zufolge wäre sie gern anorektisch geworden,
wollte dies aber ihren Eltern nicht antun. Einen gewissen Zugang
findet sie lediglich im Gestalten, wobei die Symbolisierungen das
Thema Schuld stark aufnehmen. So beschäftigt sie sich auch in der
Kunsttherapie sehr isoliert mit ihrem Problem. Sie stellt ein Kreuz dar
und später eine Zeichnung von sich mit durchgestrichenem Mund

(»Du darfst nicht reden«). Trotz ihres ablehnenden Verhaltens wird sie aber dennoch von den Mitpatienten gemocht, was sich unter anderem in dem liebevollen Abschied zeigt, den die Mitpatienten ihr bereiten. Ihr Leid ist offenkundig angekommen und man hat verstanden, dass sich Hilfewunsch und die Unmöglichkeit, Hilfe in Anspruch zu nehmen, die Waage halten. Nur wenige Male ist es gelungen, sie zu einer positiven Emotion zu bringen, und dies ist durch zwei männliche Mitpatienten gleichen Alters geschehen, die humorvoll und lustig mit ihr umgegangen sind.

In der *Supervision* mit den Mitarbeitern der Station wird deutlich, dass das Thema Schuld transgenerational in der Familie da ist (Schuld des Großvaters, der Strick um den Hals) und dass auch die Loyalität mit den Eltern von der Mutter stark betont wird (Missbrauch aushalten, um die Ehe der Eltern nicht zu gefährden). Bei Ilona können wir supervisorisch einen ausgeprägten *Schuldkonflikt im passiven Modus* mit einer überzogenen Treuebindung an die Eltern finden. Das heißt, Ilona vermittelt aufgrund bestimmter Verhaltensweisen den Eindruck, als habe sie schwere Schuld auf sich geladen (was sie in Identifikation mit ihrer Mutter unbewusst so erlebt): Alle normalen, lustbetonten Aktivitäten (Tanzen, Spaß, Freunde) werden abgelehnt, über Fragen von Moral, von Richtig und Falsch grübelt sie immer wieder zwanghaft nach und stellt diese Thematik auch symbolisch in der Kunsttherapie dar. Sie kann und darf nicht von den Angeboten auf der Station profitieren und ihre Entwicklung eigenständig verfolgen, das erlaubt das strenge Über-Ich nicht. Auch der Wunsch nach einer zweiten, schlimmen Erkrankung (»ich wäre gern anorektisch geworden«) verweist auf die Bestrafungstendenz. Die Patientin erinnert stark an die von Sigmund Freud (1923/1982) geschilderten Patienten mit starkem Über-Ich und starker Bestrafungstendenz (»die am Erfolge scheitern«).

Es wird in der Gruppensupervision aufgrund dieser Erkenntnisse besprochen, dass in einem *Elterngespräch* zunächst den Eltern sowohl die Problematik ihrer Tochter nahegebracht werden solle (sie dürfe sich nicht entwickeln, das werde schuldhaft erlebt) als auch der Umstand, dass die Tochter transgenerational ein Thema aufgreife, das in der Familie vorherrsche und alle Alltagsbelange beeinflusse. Es müsse deutlich werden, dass der Missbrauch der Mutter sehr schlimm gewesen sei, dass sie bereits »Schuld abgetragen hat«, dass sie dringend für die Bearbeitung ihres Schuldthemas Hilfe suchen und dass die Delegation an die Tochter, auch bezüglich des »Ausweinens«, aufhören müsse. In einem weiteren gemeinsamen *Familiengespräch* müsse die Tochter auch von den Eltern verstärkt die Botschaft erfahren, dass die Eltern ihre Probleme für sich lösen würden, dass es nicht Aufgabe von Kindern sei, Schuld von Eltern abzutragen und dass jedes Kind ein Recht auf eine eigenständige Entwicklung habe. Es müsse außerdem in diesem weiteren Familiengespräch klar werden, dass der starke Leidensdruck der Tochter, ihr Wunsch nach Hilfe, aber auch ihr starker Widerstand dagegen, der ebenfalls das Schuldthema aufnehme, bearbeitet und gelöst werden könne und eine Weiterentwicklung möglich sei. Weitere *Einzelgespräche* mit der Patientin, die dann ambulant weiterbehandelt werden sollte, sollten das Ziel haben, die ihre Entwicklung blockierende Schuldthematik aufzulösen und einer altersgemäßen Entwicklung Raum zu geben.

Wie in der vorherigen Fallvignette hat sich hier die Gruppensupervision der interdisziplinär arbeitenden Gruppe als hilfreich erwiesen. Das gemeinsame Reflektieren mit Hilfe der OPD-KJ-2 eröffnete neue Perspektiven und therapeutische Ansätze.

OPD-KJ-2 zur internen Qualitätssicherung

Es ist für uns tiefenpsychologisch oder analytisch arbeitende Kinder- und Jugendpsychotherapeuten ein völlig selbstverständliches Vorgehen, im Rahmen der Diagnostik psychodynamische Aspekte zu erheben. Wie aber sieht es mit der internen Qualitätssicherung unserer Therapiearbeit aus? Das interne Qualitätsmanagement durch die OPD-KJ-2 und die zugehörige Forschung steckt bisher noch in den Kinderschuhen. Es gibt verschiedene Formen der internen Qualitätssicherung, auf welche im Folgenden noch näher eingegangen werden soll. Eine *Prozessqualität* lässt sich unter anderem durch die Verlaufskontrolle einer Therapie erzielen. Hingegen ist die *Ergebnisqualität* definiert durch den Grad der Zielerreichung, beispielsweise den Grad der Veränderung der Erlebens- und Verhaltensweisen. Um die Achse Konflikt der OPD-KJ-2 als qualitätssichernde Maßnahme der eigenen Therapiearbeit adäquat nutzen zu können, ist es wichtig, sich folgende Fragen zu stellen: »Welche Implikationen sollte ich bei der Evaluation des Therapieverlaufs und des Therapieergebnisses beachten?« »Wie kann meine therapeutische Arbeit am intrapsychischen entwicklungsbehindernden Konflikt das Therapieergebnis hinsichtlich der Symptomreduktion beeinflussen?« »Wie kann ich meine Therapiearbeit am intrapsychischen Konflikt evaluieren?« »Welche Veränderungen im Sinne des OPD-KJ-2-Befundes Konflikt sind zu erwarten?«

Um diese relevanten Fragen zu beantworten, haben wir in der im Folgenden geschilderten Studie erstmals zu Beginn einer Therapie und nach einem Zeitraum von zwölf Monaten jeweils den intrapsychischen Konflikt der untersuchten Patienten durch die OPD-KJ-2-Konfliktbefundung (siehe Arbeitskreis OPD-KJ-2, 2013, Manual, S. 390) erhoben sowie anschließend das Therapieergebnis evaluiert. Um alle relevanten Aspekte der internen Qualitätssicherung zu beleuchten, wollen wir vorerst auf die Besonderheit von Kinder- und Jugendpsychotherapien eingehen, um dann allgemeine sowie spezifische Implikationen der Prozess- und Ergebnisqualität zu beleuchten. Abschließend werden wir im Rahmen der Ergebnisqualität auf unsere Studie und die gefundenen Richtwerte eingehen. Wir werden zudem erläutern, wieso die abschließende Bewertung der Qualität der psychotherapeutischen Behandlung nur in der Zusammenschau aller Qualitätskriterien erfolgen sollte.

Besonderheiten von Kinder- und Jugendpsychotherapien

Zunächst ist immer die reale Abhängigkeit der Kinder und Jugendlichen von ihren Eltern/Bezugspersonen zu beachten. Eine entsprechend verfestigte Familienatmosphäre kann den Verlauf einer Konfliktdynamik trotz der therapeutischen Arbeit mit dem Kind und seinen Eltern aufrechterhalten. Nicht selten kommt es durch maladaptive Familienatmosphären zu Symptomträgern unter den Kindern und Jugendlichen, wobei die eigentliche Störung bzw. Konfliktproblematik zunächst in einem anderen Familienmitglied oder gar in mehreren Familienmitgliedern zu verorten ist (Seiffge-Krenke, 2010).

Besonders bei jüngeren Kindern ist zu beachten, dass es sich oft nicht um ausgeprägte Konflikte handelt, sondern um Konfliktvorläufer, welche nicht klar konturiert sind und deren weitere Ausprägungen, wie im zweiten Kapitel »OPD-KJ-2 für Babys?« gezeigt werden konnte, vom Integrationsniveau der Struktur, eventuellen Lebensbelastungen sowie vorhandenen Ressourcen abhängig sind. Diese Konfliktvorläufer können im OPD-KJ-2-Konfliktbefund als Konfliktthemen befundet werden.

Des Weiteren ist nicht nur der Kontakt des Patienten zu seinen Eltern und zu seinem Therapeuten zu beachten: Alle Entwicklungskontexte sollten Berücksichtigung finden und auf (versteckte) Ressourcen oder funktionale Veränderungen hin überprüft werden. Bedeutende Lebensereignisse wie ein Schulwechsel oder die Aufnahme einer Beziehung können eine Konfliktdynamik vorübergehend verstärken oder auch abschwächen. Gerade in der Kindheit und Jugend sind wichtige Entwicklungsaufgaben und Phasen der Veränderung enorm prominent.

Wie wir in den vorangegangenen Kapiteln, insbesondere im vierten und fünften zu den Langzeitfällen bei Kindern und Jugendlichen, gesehen haben, unterliegt die Konfliktausprägung eines intrapsychischen Konflikts allgemein immer auch einer gewissen dynamischen Veränderung, abhängig von den zur Verfügung stehenden Ressourcen und dem Integrationsniveau. Sie ist nicht als starrer Verlauf anzusehen. Dies gilt insbesondere auch für die Therapiephase selbst; hier konnte demonstriert werden, dass sich die Bedeutsamkeit der Konflikte verändern kann bzw. weitere Konflikte in den Fokus treten können.

Allgemeine Implikationen zur Therapieplanung und Evaluation

Vorerst soll hier auf allgemeine, wichtige Implikationen bezüglich der Therapieplanung und Evaluation eingegangen werden. Zunächst ist ein diffuses Konfliktgeschehen (mehrere Konflikte mit mittlerer Ausprägung) von einem spezifischen Konfliktgeschehen (ein wichtigster und meist ein zweitwichtigster Konflikt) zu unterscheiden. Wie im vierten und fünften Kapitel belegt wurde, sind zwei bedeutende Konflikte bei Kindern und Jugendlichen keine Seltenheit. Bei einem diffusen Konfliktmuster ist eher von einem eingeschränkten Integrationsniveau der Struktur auszugehen. Hier wird zunächst der Strukturaufbau im Mittelpunkt der Therapieplanung stehen.

Die Bewusstmachung des intrapsychischen, unbewussten Konflikts bzw. die Bewusstmachung der abgewehrten Wünsche und Triebe und deren Nichterfüllung sowie die damit zusammenhängenden aversiven Affekte haben Folgen! Im günstigsten Fall kann durch diese Bewusstmachung eine Lösung des Konflikts herbeigeführt werden bzw. können reifere funktionale Abwehrmechanismen im Rahmen der Therapie erarbeitet und eingesetzt werden. Das Bewusstwerden der zuvor abgewehrten Affekte kann die innere Struktur des Patienten zunächst erschüttern. Nicht selten findet daher vorübergehend eine Verstärkung der Symptomatik statt. Infolgedessen ist es im Rahmen der Konfliktarbeit auch unerlässlich, schwächere Ich-Funktionen zu stärken, wie beispielsweise die Affektregulation. In der Regel ist bei einem spezifischen Konfliktgeschehen ein ausreichend gutes Integrationsniveau vorhanden.

Interne Qualitätssicherung: Spezifische Implikationen zur Prozessqualität und Ergebnisqualität

Die OPD-KJ-2 kann zur Überprüfung der internen Qualitätssicherung, der Prozessqualität sowie auch der Ergebnisqualität genutzt werden. Hier soll nun auf spezifische Implikationen zur Prozess- und Ergebnisqualität eingegangen werden.

Implikationen zur Prozessqualität im Therapieverlauf

Im Rahmen der Evaluation der *Prozessqualität während einer laufenden Therapie* sind die folgenden Implikationen von besonderem Interesse:

1. Liegt tatsächlich ein intrapsychischer, entwicklungsbehindernder Konflikt vor oder handelt es sich vielmehr um einen Konfliktvorläufer/ein Konfliktthema?
2. Kann der wichtigste intrapsychische Konflikt ausreichend bewusst gemacht und durchgearbeitet werden?
3. Beeinflusst das subjektive Krankheitserleben die Bearbeitung des Konflikts positiv/negativ? Gibt es andere relevante Behandlungsvoraussetzungen, welche die Bearbeitung des Konflikts maßgeblich beeinflussen?
4. Hat sich der Verarbeitungsmodus des Konflikts verändert?
5. Gibt es konfliktfreie Entwicklungskontexte?
6. Können die Eltern über die Konfliktdynamik und deren Entstehung aufgeklärt werden bzw. können die Eltern die Erklärungshypothesen annehmen? Können eventuelle eigene Anteile der Eltern an der Konfliktdynamik aufgedeckt und bearbeitet werden?
7. Welche Entwicklungsaufgaben sind aktuell und könnten die Konfliktdynamik beeinflussen? – Hier ist bei Jugendlichen nicht nur die Altersnorm, sondern insbesondere auch die soziale Norm der Peergruppe zu beachten.
8. Wird das konflikthafte Erleben und Verhalten durch soziale und psychische Gegebenheiten in der Umwelt ständig aufs Neue aktiviert und somit weiterhin bestärkt, zum Beispiel wenn ein Elternteil ebenfalls durch einen intrapsychischen, unbewussten Konflikt belastet ist?

9. Wie hoch ist der Krankheitsgewinn? Kann ein intrapsychischer Konflikt bewusst gemacht werden, indem Abwehrmechanismen gelockert werden? Darf ein abgewehrter Bewusstseinsinhalt (Wunsch, Einsicht, Wahrnehmung) wieder aufgenommen werden oder sind die damit verbundenen Folgen nicht (aus-)haltbar?

Implikationen zur Ergebnisqualität am Therapieende

Im Rahmen der Evaluation der *Ergebnisqualität am Ende der Therapie* sind die folgenden Implikationen von besonderem Interesse:

1. Konnte der wichtigste intrapsychische, entwicklungsbehindernde Konflikt ausreichend bewusst gemacht und durchgearbeitet werden?
2. Hat das subjektive Krankheitserleben die Bearbeitung des Konflikts positiv/negativ beeinflusst? Gibt es andere relevante Behandlungsvoraussetzungen, welche die Bearbeitung des Konflikts beeinflusst haben?
3. Sind die konfliktbedingten Abwehrmechanismen noch vorhanden? Wenn ja, wie starr sind die Abwehrmechanismen noch?
4. Gibt es vermehrt konfliktfreie Entwicklungskontexte?
5. Welche Ressourcen konnten gestärkt bzw. mobilisiert werden? Wie manifestiert sich dies?
6. Welche wichtigen Lebensereignisse (z. B. Schulwechsel, Umzug, Geburt eines Geschwisters) oder Lebensbelastungen (z. B. Trennung der Eltern, Beziehungserfahrungen mit maladaptivem Einfluss) sind während der Therapie aufgetreten und haben die Konfliktdynamik positiv/negativ beeinflusst?
7. Ist ein zuvor verdeckter intrapsychischer Konflikt im Verhalten und Erleben des Kindes/Jugendlichen manifest geworden?
8. Wird das konflikthafte Erleben und Verhalten durch soziale und psychische Gegebenheiten in der Umwelt weiterhin aktiviert und somit aufrechterhalten, zum Beispiel wenn ein Elternteil ebenfalls durch einen inneren Konflikt belastet ist?

Studie zur Therapieergebnisevaluation

Um erstmals Richtwerte zur Ergebnisqualität berichten zu können, haben wir in der vorliegenden Prä-Post-Studie zu Beginn einer Therapie und nach einem Zeitraum von zwölf Monaten jeweils den intrapsychischen, unbewussten Konflikt der Patienten durch die OPD-KJ-2-Konfliktbefundung (siehe Arbeitskreis OPD-KJ-2, Manual, S. 390) erhoben. Im Anschluss wurden die Therapieergebnisse evaluiert. Zu diesem Zweck wurden von einer OPD-KJ-2-geschulten Raterin zu 33 Patienten Prä- und Post-Interviews mit den teilnehmenden Kinder- und Jugendpsychotherapeuten (N = 15) durchgeführt. Von diesen Patienten waren N = 21 Kinder (64 %) und N = 12 Jugendliche (36 %). Die Kinder waren im Mittel 9.7 Jahre (SD = 2) und die Jugendlichen 15.2 Jahre (SD = 1.2) alt. Die Konfliktbedeutsamkeit konnte Werte zwischen 0 = *nicht sichtbar* und 3 = *vorhanden und sehr bedeutsam* annehmen. Die Symptomausprägung wurde mit 0 = *nicht vorhanden* und 10 = *maximale Ausprägung* erfasst. Die hierdurch ausgewerteten Prä- und Post-Werte für die Konfliktbedeutsamkeit der OPD-KJ-2-Achse Konflikt können als erste Richtwerte gelten, welche innerhalb des internen Qualitätsmanagements im ambulanten Setting genutzt werden können.

In Tabelle 6 werden die Konfliktbedeutsamkeitswerte und die Symptomausprägung der Hauptdiagnose im Prä-Post-Vergleich sowie die dazugehörigen statistischen Kennwerte dargestellt. Werden die jeweiligen Unterschiede von Prä- zu Post-Werten signifikant, kann man statistisch abgesichert davon ausgehen, dass diese Unterschiede keine Zufallsschwankungen sind. Bezogen auf den Prä-Post-Vergleich bedeutet dies, dass die psychodynamische Psychotherapie (bereinigt um mögliche Effekte durch Alter und Geschlecht der Patienten sowie der Art der Therapie) einen statistisch bedeutsamen Effekt auf die Konfliktausprägung bzw. -bedeutsamkeit hat. Die Therapie hat dazu geführt, dass sich die relevante Konfliktausprägung signifikant erniedrigt hat, wie am Gesamtwert in Tabelle 6 deutlich wird. Im gleichen Zeitraum hat sich auch die Symptomausprägung der Hauptdiagnose signifikant erniedrigt. Wir gehen daher davon aus, dass die Reduktion der Symptome ganz wesentlich mit der erfolgten therapeutischen Bearbeitung der relevanten Konflikte zusammenhängt.

Tabelle 6: Prä-Post-Vergleich der Konfliktbedeutsamkeit über die OPD-KJ-2-Achse Konflikt für tiefenpsychologisch fundierte Kurzzeit-, Langzeit- und psychoanalytische Therapien sowie Symptomausprägung der Hauptdiagnose (N = 30)

Konflikttypen bzw. Symptomausprägung	M-Prä	SE-Prä	M-Post	SE-Post	M-Differenz-Prä-Post	p
Nähe vs. Distanz	1,49	0,248	0,94	0,182	0,55	<.010
Unterwerfung vs. Kontrolle	1,30	0,225	0,75	0,223	0,55	<.050
Selbstversorgen vs. Versorgtwerden	1,84	0,245	0,87	0,160	0,97	<.001
Selbstwertkonflikt	1,55	0,243	0,86	0,185	0,69	<.001
Loyalitätskonflikt	1,31	0,255	1,20	0,223	0,11	n. s.
ödipaler Konflikt	0,87	0,236	0,32	0,165	0,55	<.010
Identitätskonflikt	0,55	0,149	0,30	0,123	0,25	n. s.
Gesamtwert-Konflikt (über alle sieben Konflikttypen hinweg)	1,28	0,071	0,75	0,103	0,53	<.001
Symptomausprägung der Hauptdiagnose	8,45	0,395	3,48	0,515	4,97	<.001

Anmerkungen: Prä = Prämessung; Post = Postmessung; M = Mittelwert; SE = Standardfehler; M-Diff-Prä-Post = Differenz der Mittelwerte von Prä- zu Post-Messung; Signifikanzniveau (zweiseitig) von α =.05 mit Bonferroni-Korrektur; n. s. = nicht signifikant.

Ein weiteres Ergebnis unserer Studie ist, dass man bei einer Symptomreduktion von vier Ausprägungspunkten bezüglich der Hauptdiagnose am Ende der Therapie von einer statistisch relevanten Symptomreduktion ausgehen kann. Überträgt man dies auf die Veränderungen der Konfliktausprägungen am Ende der Therapie, so lassen sich *zwei Richtwertkriterien* festhalten:

1. Der wichtigste Konflikt verringert sich am Ende der Therapie um mindestens zwei Bedeutsamkeitsstufen im Sinne des OPD-KJ-2-Befundes.

2. Der Gesamtwert der Bedeutsamkeit über alle Konflikte hin-

weg verringert sich am Ende der Therapie um mindestens vier
Bedeutsamkeitsstufen im Sinne des OPD-KJ-2-Befundes.

Die berichteten Richtwerte zu den Prä- und Post-Werten der Bedeutsamkeit der Konflikte sowie der Symptomausprägung der Hauptdiagnose basieren auf einer auf den ersten Blick sehr heterogenen
Stichprobe (Kinder und Jugendliche, tiefenpsychologisch fundierte
und psychoanalytische Therapiearten sowie Kurz- und Langzeitbehandlungen). Auf diesen Umstand wurde hinsichtlich messanaly-
tischer Techniken (Varianzanalyse mit Messwiederholung mit den
Zwischensubjektfaktoren Altersstufe der Patienten, Geschlecht der
Patienten und Therapieart) Rücksicht genommen. Es stellte sich
zudem heraus, dass für fast alle Prä-Post-Vergleiche keine statistisch
bedeutsamen Einflüsse durch die Faktoren Alter, Geschlecht und
Therapieart gefunden werden konnten. Um jedoch ganz sicher zu
gehen, dass diese Faktoren die Ergebnisse nicht beeinflussen, wurden die Daten um jegliche Einflüsse dieser Faktoren bereinigt. Es
sei ebenfalls darauf hingewiesen, dass alle Richtwerte relativ hohe
Standardabweichungen der Mittelwerte aufweisen. Dies spricht für
eine große Varianz der Ausprägungen innerhalb der Stichprobe.
Dies soll noch einmal unterstreichen, dass die Qualitätsbewertung
der Therapie anhand der OPD-KJ-2-Achse Konflikt nicht lediglich
anhand der Richtwertkriterien, sondern auch anhand der spezifischen Implikationen zu Therapieverlauf und Therapieende bewertet
werden müssen. So kann beispielsweise der Wegfall einer wichtigen
Ressource einen Einfluss auf die Konfliktausprägung und somit auf
das Therapieergebnis haben. Die Veränderung der Konfliktauspra-
gung am Ende der Therapie muss in einem solchen Fall unter dieser
spezifischen Implikation relativiert werden. Die Richtwertkriterien
allein würden das Therapieergebnis fälschlicherweise negativer, und
zwar im Sinne eines niedrigeren Therapieeffektes, beurteilen.

Fazit

Die vorliegende Studie hat ein vergleichsweise einfaches Design und
inkludierte nur eine kleine Anzahl von Therapieverläufen. Jedoch
konnten wir erste interessante Ergebnisse finden: Das Therapieergeb-

nis zur Konfliktbedeutsamkeit scheint weitestgehend sowohl von den Altersstufen (Kinder und Jugendliche) und dem Geschlecht der Patienten unabhängig zu sein als auch von der Therapieart (analytisch bzw. tiefenpsychologisch) bezüglich der Therapiedauer von einem Jahr. Auch korrelieren die Konfliktbedeutsamkeit und die Symptomausprägung statistisch relevant miteinander, das heißt, dass die jeweilige Ausprägung dieser beiden Faktoren nicht unabhängig voneinander variiert. Insgesamt hat sich auch im Bereich der internen Qualitätssicherung der OPD-KJ-2-Konfliktbefund als ein reliables und valides Messinstrument herausgestellt, welches sowohl zur Therapieverlaufskontrolle als auch zur Therapieergebnisevaluation empfohlen werden kann. Entscheidend für eine valide Einschätzung sowohl des Therapieverlaufs als auch des Therapieergebnisses ist die integrative Gesamtschau von Richtwerten und spezifischen Implikationen.

Ausblick

In den vergangenen Jahren haben wir bereits intensiv zur OPD-KJ geforscht. Die großen Vorteile der umfassenden Diagnostik mit der OPD-KJ ließen sich in Studien an stationären kinder- und jugendpsychiatrischen Patienten im Wiener Raum bestätigen (Seiffge-Krenke, Fliedl u. Katzenschläger, 2013a).Wir konnten auch die Hilfe, die insbesondere Konflikt- und Strukturachse bei Indikation und Therapieplanung geben können, bei einer großen Gruppe von ambulanten Patienten aus dem Frankfurter Raum nachweisen (Seiffge-Krenke, Mayer, Rathgeber u. Sommer, 2013) Besonders interessant waren diagnosespezifische Strukturdefizite, auf die wir empirisch bei verschiedenen Patientengruppen gestoßen waren und die Konsequenzen für die psychotherapeutische Behandlung von Kindern und Jugendlichen haben (Seiffge-Krenke, Fliedl u. Katzenschläger, 2013b). Dieses Buch ist nun ganz der praktischen Arbeit mit der überarbeiteten Konzeption, der OPD-KJ-2, gewidmet, der Fokus liegt also auf der Anwendung in der klinischen Arbeit.

Gegenwärtig wird die Konfliktachse von niedergelassenen Therapeuten bereits häufig zur Indikation und für die Therapieplanung herangezogen. Wie dargestellt kann die Konfliktachse in den probatorischen Sitzungen eingesetzt werden, um wesentliche Informationen für die Erstellung des Berichts an den Gutachter zu bekommen, was uns auch bei der Therapieplanung, etwa dabei, einen Konfliktfokus zu finden, unterstützen kann. An zahlreichen Beispielen wurde illustriert, wie in einer laufenden Behandlung mit einem Konfliktfokus gearbeitet wird, wie sich durch den Strukturaufbau und die bessere Selbstwahrnehmung bzw. Selbst-Objekt-Differenzierung und Emotionsregulierung der Konfliktfokus verschieben kann und wie hilfreich sich die Arbeit mit der Konfliktachse in der Elternarbeit erweist.

Der ursprüngliche Konfliktfokus, wie er am Anfang der Therapie, das heißt in der diagnostischen Phase, ermittelt wurde, muss nicht

über die gesamte Zeit erhalten bleiben. Es können sich Verschiebun-
gen im Konfliktfokus ergeben, insbesondere wenn zwei Konflikte am
Anfang relativ gleichstark vertreten sind. Es ist aber auch möglich,
dass ein ursprünglich diagnostizierter Konflikt während der Therapie
zurücktritt und ein anderer, bislang wenig wahrnehmbarer Konflikt
auf diese Weise deutlich wird. Dementsprechend benötigt der Therapeut besonderes Fingerspitzengefühl und Flexibilität, um sich auf
das neue Thema einzulassen, bzw. Sensitivität dafür, mit welchem
Thema er beginnen könnte.

Für tiefenpsychologisch fundierte und analytische Therapiein-
dikationen sind strukturelle prognostische Merkmale wichtig, die
dem Therapeuten eine differenzielle Indikationsstellung bezüglich
bestimmter Psychotherapieformen (z. B. tiefenpsychologisch fundiert
vs. analytisch) ermöglichen. Sie betreffen wesentliche Aspekte der
Struktur- und Konfliktachse, wie sie in der OPD-KJ-2 operationali-
siert werden, und beziehen sich auf die Psychodynamik (d. h. einen
zentralen, zugrunde liegenden intrapsychischen Konflikt und die
Objektbeziehung) und Strukturaspekte wie Umgang mit negativen
Affekten, mit der Impulskontrolle, der Fähigkeit zur Selbst- und
Objektdifferenzierung und zur Aufrechterhaltung des Kontaktes.
Hilfreich sind diesbezüglich aber nicht nur die Informationen, die auf
den Achsen Konflikt und Struktur der OPD-KJ-2 gewonnen werden.
Sie können vielmehr herangezogen werden, um eine Differenzialindikation zu erstellen und die Behandlungsplanung zu stützen, das
heißt, sie liefern Hinweise dafür, ob eher regressionsfördernd oder
eher ich-stützend vorgegangen werden kann. Wie deutlich wurde,
sind Informationen über die Krankheitseinsicht und Behandlungsmotivation, die auf der Achse Behandlungsvoraussetzungen gewonnen wurden, ebenfalls hilfreich. Wir haben in diesem Buch den
Fokus auf die Konfliktachse gelegt, aber es ist zweifelsohne für eine
klinische Arbeit sinnvoll und gewinnbringend, auch die anderen
Achsen der OPD-KJ-2 einzubeziehen.

Ein weiteres Anwendungsfeld liegt in der Kinder- und Jugendpsychiatrie, in der die Arbeit mit der Konfliktachse helfen kann,
die zugrunde liegenden Konflikte zu erkennen, was unter anderem hilfreich bei der Kooperation und Verzahnung mit anderen
Experten ist, etwa der Jugendhilfe. Hier zeigen die Erfahrungen, dass

die OPD-KJ-2-Diagnostik hilft, sich zu begrenzen, indem etwa in einem zeitlich eng begrenzten Rahmen einer stationären Therapie eine Fokussierung auf einen Konflikt erfolgt, der dann bearbeitet werden kann. Insbesondere nach einem langjährigen und ungünstigen Behandlungsverlauf macht es Sinn, sich das psychodynamische Geschehen anhand der Konfliktachse OPD-KJ-2 noch einmal zu vergegenwärtigen. Die Schilderungen im siebten Kapitel zur OPD-KJ-2 in der kinder- und jugendpsychiatrischen Praxis machen eindrucksvoll deutlich, dass mit einer zusätzlichen psychodynamischen Diagnostik Behandlungsverläufe besser nachvollzogen werden und Behandlungsempfehlungen, die weitreichende Folgen für das psychosoziale Gefüge des Kindes und der Familien haben, allen Beteiligten verständlich näher gebracht werden konnten. Damit leistet die OPD-KJ-2 einen entscheidenden Beitrag zu einer verbesserten Behandlungsplanung bei Kindern und Jugendlichen. Wir konnten aber auch verdeutlichen, wie sinnvoll der Einsatz der OPD-KJ-2 bei der Qualitätssicherung ist.

Schließlich wurde deutlich, dass die OPD-KJ-2 nicht nur neue Perspektiven für die Behandlung und Intervention eröffnet, sondern dass durch die »gemeinsame Sprache« der OPD-KJ-2 die Kommunikation zwischen verschiedenen Berufsgruppen im Feld von Psychotherapie, Psychiatrie und Beratung erleichtert wird und gemeinsame Ziele formuliert und überprüft werden können – und das ist ein großer Gewinn.

Literatur

Adler-Corman, P., Bossert, R., Hendrikoff, K., Hüller, T., Lüdemann, G., Röpke, C. (2013). Leitlinie Depression im Kindes- und Jugendalter. Analytische Kinder- und Jugendlichenpsychotherapie, 159, 441–492.

Arbeitskreis OPD-KJ (Hrsg.) (2003). Operationalisierte Psychodynamische Diagnostik im Kindes- und Jugendalter. Grundlagen und Manual. Bern: Huber.

Arbeitskreis OPD-KJ (Hrsg.) (2007). Operationalisierte Psychodynamische Diagnostik im Kindes- und Jugendalter. Grundlagen und Manual. Bern: Huber.

Arbeitskreis OPD-KJ-2 (Hrsg.) (2013). Operationalisierte Psychodynamische Diagnostik im Kindes- und Jugendalter. Grundlagen und Manual. Bern: Huber.

Baradon, T., Broughton, C., Gibbs, I., James, J., Joyce, A., Woodhead, J. (2011). Psychoanalytische Psychotherapie mit Eltern und Säuglingen. Stuttgart: Klett-Cotta.

Berger, M., Freiberger, E., von Kalckreuth, B., Knott, M., Wiesler, C., Windaus, E. (2006). Leitlinien Regulationsstörungen, psychische und psychosomatische Störungen im Säuglings- und frühen Kleinkindalter. Analytische Kinder- und Jugendlichenpsychotherapie, 132, 545–576.

Bion, W. (1962). Learning from experience. London: Heinemann.

Bion, W. (1963). Elements of psycho-analysis. London: Heinemann.

Bion, W. (1967). Second thoughts. New York: Aronson.

Bion, W. (2002). Eine Theorie des Denkens. In E. Bott Spillius (Hrsg.), Melanie Klein Heute. Entwicklungen in Theorie und Praxis. Bd. 1: Beiträge zur Theorie (S. 225–235). Stuttgart: Klett-Cotta.

Cierpka, M., Windaus, E. (Hrsg.) (2007). Psychoanalytische Säuglings-Kleinkind-Eltern-Psychotherapie. Frankfurt a. M.: Brandes & Apsel.

Freud, A. (1922–1936/1987). Die Schriften der Anna Freud. Bd. 1: 1922–1936. Einführung in die Psychoanalyse. Vorträge für Kinderanalytiker und Lehrer. Das Ich und die Abwehrmechanismen. Frankfurt a. M.: Fischer.

Freud, S. (1923/1982). Das Ich und das Es. In S. Freud, Psychologie des Unbewußten. Studienausgabe. Bd. 3 (S. 273–325). Frankfurt a. M.: Fischer.

Israel, A. (Hrsg.) (2007). Der Säugling und seine Eltern. Die psychoanalytische Behandlung frühester Entwicklungsstörungen. Frankfurt: Brandes & Apsel.

Kast-Zahn, A., Morgenroth, H. (2006). Jedes Kind kann schlafen lernen. Vom Baby bis zum Schulkind: Wie sie Schlafprobleme Ihres Kindes vermeiden und lösen können. Düsseldorf: ObersteBrink.

Klein, M. (1995–2002). Gesammelte Schriften. 6 Bd. Stuttgart: frommann-holzboog.

Mansel, J. (1992). Familiale Konflikte und ihre Auswirkungen auf die psychosoziale Befindlichkeit von Jugendlichen. Zeitschrift für Familienforschung, 4, 49–88.

Norman, J. (2004). Der Psychoanalytiker und der Säugling. Eine neue Sicht der Arbeit mit Babys. Analytische Kinder- und Jugendlichenpsychotherapie, 12, 245–275.

Rathgeber, M., Sommer, T., Seiffge-Krenke, I. (2009). Halbstrukturiertes Interview zur OPD-KJ. Unveröffentlichtes Manuskript, Johannes Gutenberg-Universität Mainz.

Rathgeber, M., Sommer, T., Seiffge-Krenke, I. (2014). Die Achse Konflikt der Operationalisierten Psychodynamischen Diagnostik im Kindes und Jugendalter. Kinderanalyse, 1, 26–47.

Scheithauer, H., Petermann, F. (1999). Zur Wirkungsweise von Risiko- und Schutzfaktoren in der Entwicklung von Kindern und Jugendlichen. Kindheit und Entwicklung, 8, 3–14.

Seiffge-Krenke, I. (1995). Stress, coping and relationships in adolescence. Mahwah: Lawrence Erlbaum.

Seiffge-Krenke, I. (2009). Psychotherapie und Entwicklungspsychologie. Beziehungen: Herausforderungen Ressourcen Risiken (2., vollst. überarb. Aufl.). Heidelberg: Springer.

Seiffge-Krenke, I. (2010). Psychoanalytische und tiefenpsychologisch fundierte Therapie mit Jugendlichen. Stuttgart: Klett-Cotta.

Seiffge-Krenke, I. (2012). Therapieziel Identität. Veränderte Beziehungen, Krankheitsbilder und Therapie. Stuttgart: Klett-Cotta.

Seiffge-Krenke, I., Fliedl, R., Katzenschläger, P. (2013a). Diagnosespezifische Strukturdefizite. Konsequenzen für die psychotherapeutische Behandlung von Kindern und Jugendlichen. Psychotherapeut, 58, 15–23.

Seiffge-Krenke, I., Fliedl, R. Katzenschläger, P. (2013b). Welche Vorteile bringt eine umfassende Diagnostik mit OPD-KJ bei kinder- und jugendpsychiatrischen Patienten? Zeitschrift für Kinder- und Jugendpsychiatrie und Psychotherapie, 41, 121–132.

Seiffge-Krenke, I., Mayer, S., Rathgeber, M., Sommer, T. (2013). Konflikt- und Strukturachse der Operationalisierten Psychodynamischen Diagnostik des Kindes- und Jugendalters. Hilfe bei Indikation und Therapieplanung. Psychotherapeut, 58, 6–14.

Seiffge-Krenke, I., Welter, N. (2008). Mobbing, Bullying und andere Aggressionen unter Schülern als Quelle von Schulstress. Praxis der Kinderpsychologie und Kinderpsychiatrie, 57, 60–74.

Stern, D. (1998). Die Mutterschaftskonstellation. Eine vergleichende Darstellung verschiedener Formen der Mutter-Kind-Psychotherapie. Stuttgart: Klett-Cotta.

Teubner, M. (o. J.). Familie und Familienleben. DJI Kinderpanel. Deskription der Daten der ersten Welle. Zugriff am 17.11.2013 unter http://www.dji.de/kinderpanel/Deskriptionen/Deskription_Familie.pdf

Windaus, E. (2007). Konzepte der psychoanalytischen Säuglings-Kleinkind-Eltern-Psychotherapie. In M. Cierpka, E. Windaus (Hrsg.), Psychoanalytische Säuglings-Kleinkind-Eltern-Psychotherapie (S. 26–34). Frankfurt a. M.: Brandes & Apsel.